U0585751

中山出版
ZHONGSHAN PUBLISHING
香山承文脉　好书读百年

社科普及丛书

胡波 主编

生活的文化和文化的生活

陈慧 著

SPM

南方出版传媒

广东人民出版社

·广州·

图书在版编目（CIP）数据

生活的文化和文化的生活 / 陈慧著 . — 广州：广东人民出版社，2019.11
（社科普及丛书）
ISBN 978-7-218-13907-4

Ⅰ . ①生… Ⅱ . ①陈… Ⅲ . ①文化生活－通俗读物 Ⅳ . ① G241.3-49

中国版本图书馆 CIP 数据核字 (2019) 第 243777 号

SHENGHUO DE WENHUA HE WENHUA DE SHENGHUO
生活的文化和文化的生活　　陈慧 著

出 版 人：肖风华

责任编辑：李锐锋　冼惠仪
装帧设计：陈宝玉
封面设计：蓝美华

统　　筹：广东人民出版社中山出版有限公司
执　　行：王　忠
地　　址：广东省中山市中山五路1号中山日报社 8 楼（邮编：528403）
电　　话：（0760）89882926　（0760）89882925

出版发行：广东人民出版社
地　　址：广东省广州市海珠区新港西路204号2号楼（邮编：510300）
电　　话：（020）85716809（总编室）
传　　真：（020）85716872
网　　址：http：//www.gdpph.com
印　　刷：广东信源彩色印务有限公司
开　　本：787mm×1092mm　1/32
印　　张：7.75　　字　　数：128千
版　　次：2019年11月第1版
印　　次：2019年11月第1次印刷
定　　价：39.80元

如发现印装质量问题影响阅读，请与出版社（0760-89882925）联系调换。
售书热线：（0760）88367862　邮购：（0760）89882925

总　序

| 胡　波

　　自然科学和社会科学是人类探究自然、了解社会、认识自我的两把钥匙，也是人类社会文明进步的双重动力。自然科学是研究自然界各种物质和现象的科学，如物理学、化学、动物学、植物学、矿物学、医学和数学等，是人类认识自然、了解自然、改造自然和适应自然不可缺少的有效理论和科学方法；而社会科学是研究各种社会现象的科学，包括政治学、经济学、社会学、法律学、管理学、历史学、文艺学、美学、伦理学、文学等，是人类认识自己、认识他人、认识环境，尊重自己、尊重他人、尊重环境，进行双向交流、相互交往的有力工具。

　　众所周知的是，自然科学为人类创造了许多物质文明成果，解放了人类的手脚，也拓宽了人类的视野，丰富了人类的物质文化生活。尤其是18世纪工业革命以来，科学技术消除和控制了许多自然灾害，减少了疾病的蔓延，延长了人类的寿命，让人类生活得更舒适、更便利、更安全。但不可否认的是，自然科学，特别是现代科技发展的后遗症与副作用，也给人类带来了许多比传统风险（风灾、水灾、旱灾、瘟疫、地震等）还要令人忧心的现代危情（环境污染、核扩散与辐射、废弃物、有毒物质等）。这些现代危情对人类来说，是一种无法预知又时刻存在的危害。但整体而言，自然科学的发展，不仅改变了自然界，拉近了人与自然之间的距离，减少了自然对于人类来说所具有的神秘感和陌生感，还直接或间接地改变了人类社会的生活环境和物质条件，影响了人类自身的生产方式和生活形态。不断发展的科学技术，在现代社会中日益成为社会变迁的一股重要推动力，在许多方面正改变着人类的生活方式和文化模式。机器人将逐渐取代传统工人的角色；银行自助提款机的功能也日益替代银行职员的职能；交通网络和大众传播媒介的发展，使不同民族之间的距离大大缩小；工商业快速发展，加速了社会流动，改变了人们的价值观、世界观、人生观、行为模式和生活方式。这些由科技文明所带来的新趋势和新问题，固然需要自然科学去研究与应对，但社会科学对于人类社会变迁所造成的法律、伦理、道德等层面的影响和冲击，同样责无旁贷。社会科学理所当然地应该从政治、经济、社会、文化、教育等不同层面进行深入研究，为人类生存、生活和全面发展提供更多的知识、智力的支撑和思想、文化的引领。

　　自然科学和社会科学虽然在研究领域、研究方法上有所不同，但都和人类社会的生存和发展有关，都与解决人类所面临的困难和挑战有关。社会科学是以"人"为中心，研究人与人之间，人与群体之间，人与社会、国家之间互动的知识领域，探究人类文化与其周围环境之间的关系的科学。人类在社会中生存和发展，必须了解与其生活层面有关的知识和经验，方能很好地顺应环境和改善生活，提升生命的价值，让人生更有意义。但是长期以来，人们对社会科学理论的认识和了解比较浮浅，对社会科学知识的掌握和运用极其简单，在思想和行动上表现出典型的实用主义或工具理性。尤其是经济建设过程中，重物质轻精神、重科技轻人文、重自然科学轻社会科学的现象更加突出，其结果是，在经济快速增长和科技高度发达的同时，也产生了生态环境恶化、贫富差距拉大、伦理道德滑坡、腐败案件高发和精神信仰缺失等现象，甚至有不少人成为物质的奴隶，精神的侏儒。因此，以人为中心，探讨人类生活层面的知识领域，以及探究人类文化与其周围环境之间关系的社会科学，就必将为当今社会提供认识自己、认识他人、改造社会的钥匙。自然科学以自然物质为中心，研究人类在物质生活环境上的问题；社会科学以人为中心，处理人类精神层面的事务。两者对于人类社会而言都是不可或缺的，尤其是在所谓"后工业社会"

与"后现代文化"的 21 世纪，寻求社会科学与自然科学之间的平衡，矫正往昔"轻人文重理工"的偏颇现象，对于构建人类社会的"新文明体系"具有重大的意义。[①] 正如有的学者所说："全部社会科学，要解决的就是一个问题，即个体认识自己、认识他人、认识环境，尊重自己、尊重他人、尊重环境，然后进行相互间的交流、交换、交往、交易等的问题。简而言之，分清各自的利益，学习有效、互利的原则与技术，是公民的必修课。"[②] 但是，社会科学的理论、方法、知识、经验，并不为大众所掌握和运用，其传播和普及的对象与范围都十分有限，往往停留在学者的圈子内，终止于社会精英的层面上。孙中山先生曾认为，无论是在古代中国还是当代社会，始终是"知难行易"，而不是"知易行难"，强调认识比行动更难但更重要。[③] 马克思在《〈黑格尔法哲学批判〉导言》中指出："批判的武器当然不能代替武器的批判，物质力量只能用物质力量来摧毁；但是理论一经掌握群众，也会变成物质力量。理论只要说服人，

---

① 沙依仁等著：《社会科学是什么》，世界图书出版公司北京公司，2006年，第27—28页。

② 沙依仁等著：《社会科学是什么》，世界图书出版公司北京公司，2006年，简体版序，第2页。

③ 《孙中山选集》，人民出版社，1981年，第159页。

就能掌握群众；而理论只要彻底，就能说服人。所谓彻底，就是抓住事物的根本。但人的根本就是人本身。"① 因此，将社会科学的"知识"转化为"常识"，"经验"积淀为"理性"，"理论"转变为"智慧"，"方法"转化为"思维"，理所当然地成为社会科学普及的宗旨和要务。2014年9月1日起施行的《广东省社会科学普及条例》就明确指出："社会科学普及工作应当坚持政府领导、社会支持、公众参与、资源共享、服务大众、法制保障的原则"，"社会科学普及是指采取公众易于理解、接受和参与的方式，普及社会科学知识、传播科学思想、倡导科学方法、弘扬科学精神和人文精神的活动"。社会科学普及工作，今天已是各级党委政府的重要工作之一。

中山市社会科学界联合会长期以来坚持以人为本，围绕市委市政府的中心工作，关注社会，聚焦民生，面向未来，在做好党委政府的智囊团和思想库的同时，积极主动地采取多种形式，大力普及社会科学知识，传播思想文化，弘扬科学理性和人文精神。经过不断努力，中山不仅涌现了大批具有广泛影响的社科普及专家和知名学者，也出版了一大批社科普及读物，如《中山史话》《凡人孙中山》《新三字经与社会主义核心价

---

① 《马克思恩格斯选集》（第一卷），人民出版社，1972年，第9页。

值观》《血脉相承：中山非物质文化遗产探究》《艺文与修身》《修身与修行》等既有地方特色又颇具中国气派的科普书籍，甚至借助南国书香节中山书展这个大平台，单独设立社科普及展区，开展形式多样的社科普及活动，产生了较大的反响。但是，社科普及活动仍然缺乏针对性和趣味性，社科普及读物也少了地方色彩而多了学究气息，社科普及的效果并不令人满意。

　　如何开展社科普及工作，有效地服务社会，逐步提高大众的人文素养，也就成为广大社科工作者必须回答的问题。为此，中山市社会科学界联合会在市委市政府的关怀和领导下，组织社科专家，结合地方历史文化、经济社会的特色和社科的专业特点，融知识性、趣味性和专业性、系统性于一体，编辑出版"社科普及丛书"，力求在全面介绍政治学、经济学、社会学、文化学、历史学、哲学、伦理学、民俗学、地理学和法学等社科基础知识和理论方法的同时，客观全面和深入浅出地讲述中山地方历史文化和人文精神，力求通过系列丛书的编辑出版，使其逐渐进学校、进机关、进企业、进社区，力求达到理论宣传、思想传播、文化交流、信息传递、知识共享的多重目的。为好书找读者，为读者写好书，讲好中国故事，传播社科新知，引领时代风尚，推动社会进步，这就是"社科普及丛书"编写的方向和目标。

目　录

生　活　的　文　化　和　文　化　的　生　活

· 第一章 ·

无处不在的生活，无所不在的文化

到底什么才是文化 · 1

我只是文化的"搬运工" · 7

· 第二章 ·
静静过有文化的生活

审美：人类头脑中的"倒三角形" · 11

语言：祖先的秘匙 · 18

文物：为何旅游都要下车看庙 · 25

非遗：不做没有新鲜血液的僵尸 · 33

匠人：时间打磨匠人，匠人趟过时间 · 41

阅读：真人阅读轻松？你的阅读方法错了 · 49

节日：仪式是文化传承的管道 · 57

书信：浓缩思念的"最温柔的文学" · 65

卡通与漫画：成人残酷世界里的温柔庇护所 · 73

博物馆：人类文明的自省之地 · 81

写作：我思故我在，我笔写我心 · 89

打工文学：流水线上的兵马俑 · 98

流浪地球：多元文化的冲突碰撞 · 106

· 第三章 ·

生活中的文化：细嚼、慢咽、轻嗅

香道茶道琴雅道，我自求我道·117

百年人生，过眼云烟·125

舌尖：人间烟火盛，世态百味丰·134

穷游：穷的是"游"不是"心"·143

陋室：斯是陋室，惟吾德馨·152

"存盘"一座城市的集体记忆·160

乡愁：故乡成了熟悉的陌生人·168

又骗我去读幼儿园·176

年轻人怀念的不是味道，而是父母的呵护·185

彭宇"碰撞"雷锋，文化跟不上社会急流·192

城市与自然，何日握手言欢·200

是谁在诱惑我们买买买·208

浸泡在中医药文化里的生活·215

解构美，才能重生美·223

第一章

无处不在的生活，无所不在的文化

在这本书里，我谈论的仅是自己在文化中感受到的生活与文化之美。以闲谈的文字，与读者分享我这些年遇到的文化之美，就如我在广式茶楼里与亲友喝着早茶闲聊。

来，让我们一起在书中"饮杯茶，食个包，吹下水"。

到底什么才是文化

我是一个每天码字挣工资的记者，但我从来不认为自己是一个文化人。我是一个记者，工作中也常常接触到许多文化艺术工作者。我觉得自己只是记录下他们的所做所想，把这些文化内容编译成方块字，进行传播。我做的工作，充其量只是一个文化的搬运工，与文化相去甚远。

直至有一天，出版社编辑邀我写一本关于文化的书。此时，我才发现自己甚至无法用一句话概括出"什么是文化"。于是我急切地乱翻书本、查资料，想看看大家是如何概括"文化"的。我发现古往今来，无数文化人为文化下过定义。要真正理解这些定义中的"文化"，着实需要一定的"文化"，否则还真的难以消化。

从广义来说，文化是人类在社会历史发展过程中所创造的物质财富和精神财富的总和。从狭义来说，文化指社会的意识形态，以及与之相适应的制度和组织机构。[①]

文化特指意识形态所创造的精神财富，文化是凝结在物质之中又游离于物质之外，能够被传承的宗教、信仰、风俗习惯、道德情操、学术思想、文学艺术、科学技术、各种制度等。（百度百科）

文化是一个复杂的总体，包括知识、信仰、艺术、道德、法律、风俗，以及人类在社会里所得一切的能力与习惯。[②]

文者圣说之理，化者育明之归。凡是离开本源取向、本源明承的理和论都不可称名文化。文化的核心是道德；文化精髓是哲学；文化的本质就是教导人做人的文化；文化是生命，生

① 《辞海》编辑委员会：《辞海》，上海辞书出版社，1989年。
② ［英］爱德华·泰勒著，连树声译：《原始文化》，中译本，上海文艺出版社，1992年。

命是文化。文化本体本真是宇宙本有的。[①]

1. 广式茶楼里的顿悟

我是在一个周六的上午，坐在一家广式茶楼搜集整理这些"文化"的定义的。服务员端着茶壶、捧着点心，穿梭在台与台之间；顾客们则多是一大家子，或三五知己，围坐桌前"叹茶"。茶并不是桌上的主角，点心才是。烧卖、虾饺、叉烧包……几十甚至上百种点心装在圆形的小竹笼里，冒着香气，等待着食客的宠幸。由于家人迟来，我得以有空一边整理各路名家对于"文化"的定义，一边观察目光所及的每一座茶客。

在这油烟萦绕、喧嚣吵闹的茶楼里中孤独坐着，脑中忽然闪现出两个问题——我是谁？我为什么要来这里？如果仅是为了填饱肚子，我随便在街边吃碗面，五分钟就吃饱了。或者现在就点上几笼点心，带回家和亲友分享就可以了。我为什么愿意在周末一早爬起来，从一个区开车到另一个区，孤独地坐在一张大桌子前，心甘情愿地静待迟迟未到的亲友？我有什么非要跟他们在餐桌上见面才能聊的事情吗？

重要的事情，当然是没有的。来这里，我只为了与亲友们

---

① 余秋雨：《何谓文化》，长江文艺出版社，2012年。

见个面，互相聊些无关痛痒的话题。甚至说不上几句话，只是坐在一起品杯茶、赏个点心。广式喝茶不是一盏茶的工夫，一喝就得一两个小时，大伙只是借着这场子，让自己从胃到心都吃饱喝足。"喝茶"这种方式，对于广东人来说，不是一杯茶，也不是一顿饭，而是舒缓紧张的工作压力，交流私人感情的一种共有文化。但走出广东，这种喝茶文化可能就会变成嗑瓜子、撸串、锅庄等形式。它们形式各有不同，却又殊途同归为亲友间的感情交流方式，成为一个地区特有的大众文化。

叔本华在《孤独通行证》里说过："你在热闹中失去的，会在孤独中找回来。"在热闹的茶楼里孤独地等待，在这种不经意的碰撞思考中，我忽然有了顿悟。若试图从物质角度来总结描述文化，几乎是不可能的，数量可能比广式茶楼里的点心还多。

我们生活中接触到的每一样物质，因背后不同的历史、环境等形成不同的特点。这当中唯一共同的特点，只有"人"。是人的存在、人的思考、人的行为，才有了这千差万别的世界。因此，想要理解文化的最简单概念还是得从"人"出发。

2. 离开人类，世上无文化

换一个搜索的方向，人类学家对人类的研究也多是从对文化的定义开始。"人类学家与其他围观访客之间真正的区别在于，他们会从研究对象的文化角度去思考人们的所作所思。"[1]

约翰·奥莫亨德罗从人类学家的角度，给出一个很简单的"文化"定义："文化是一群人通过习得，对其所作所为和每件事物的意义共有的认识。"[2]就是这么简单的一句话，从根本上概括了"文化"。作为人类的一员，我并不只是文化的搬运工，也不是文化的"吃瓜群众"，我是文化的一员。这个概念承认文化来源于我们的生活，却又提炼出超越现实的意识——共识。而这也如同在迷雾弥漫的荆棘丛中，为我拨开了一条便捷小路，直达编辑要求所写的《生活的文化和文化的生活》。

在厘清并找到一款大众能直观理解的"文化"概念后，接下来就如同我在茶楼里等到了姗姗来迟的亲友们，可以热热闹闹地大快朵颐、放声交谈。

文化的存在不仅常常悄然无声，让人不自知，有时还无法捉摸。我这种笨拙的人在寻找"文化存在"时，常有着"抽刀断水水更流"的无力感，必须再次借助人类学家的定义。

文化是一群人通过习得，对其所作所为和每件事物的意义

①②　[美]约翰·奥莫亨德罗著，张经纬等译：《像人类学家一样思考》，北京大学出版社，2013年，第26页。

共有的认识。

这个从人类学角度总结的文化概念告诉我们，文化不是人类天生就有的能力，也不是一个人就能产生的。它需要一群人在生活中去学习、总结，并达成共识，但这又是人类与生俱来的本能。

约翰·奥莫亨德罗解释，"习得的共有认识"与本能或天生的行为相对，指的是人们天生罕有的，只能通过从小学说话、学走路，获得文化而得到的能力。也有人将文化形象地比喻为一张看不见的网，而人就是"悬在由他自己所编织的意义之网中的动物"。

上面这段可能较难理解,那我就简单粗暴地套用一句话——有人的地方就有江湖。文化也是这么个理儿，有人聚集的地方就有文化。就算一群猴子在一起，最后也总能生出一个王，决定吃食的先后顺序和轮流值守的默认规矩来。这就是猴群里的文化，让这群猴子看似乎无序的行为中有着必然的关联。

人是群居的动物，每天免不了要和其他人打交道。在这互助互利或互爱互害的过程中，就渐渐生出了共同的规则。因此"有人的地方就有江湖"，下一句就是"有江湖的地方就有恩怨情仇"。

人类比起猴子来说，要办的事更多、更复杂，文化影响到的不只是食物分配。小到日常的服饰、动作、音乐，大到民族的价值观，都在无形中受到文化的影响，有着某种"标签"。只是大多数时候，我们不会特别留意到文化的存在，就像鱼儿不知道水的存在。

其实，再伟大的文化也离不开其创造者——人类。人类本身是文化存在的载体，也是文化创造的发动机，同时还是文化存在的受益者。

我只是文化的"搬运工"

"我读得书少，你不要骗我。"这样的对白，我们并不陌生。这句话，最早是李小龙在电影《精武门》中所讲，后来成为许多港产片中常套用的经典台词。周星驰的电影中也曾多次出现。说这句话的，通常是剧中的中下层劳动人民，即我们常说的"小人物"。这句台词背后的潜台词即"我没文化"。然而，读的书少，就没有文化吗？

李小龙在《精武门》中扮演的陈真读书少，但为人正直、尊师重道、勤学苦练。他在师傅遇害后，查找真相，为师报仇，捍卫民族尊严。《精武门》这部电影获得认同，李小龙本人了得的功夫是其中一部分原因，更重要的是陈真这个角色所体现出来的反抗强权、民族觉醒的文化。这种文化受到观众的认同，这部电影才能获得如此大的魅力，也使得观众将其代入李小龙本身的个人形象中。陈真可以说自己读的书少，没有文化，但其剧中形象就是一个底层小人物反抗强权、民族觉醒的文化象征。

在电影里，大众将读书、获取学历等一类归为文化。这只是一个狭义的文化概念。在本书中，我将要跟大家一起去走访、观赏、发现的是一种广义的文化。这个文化除了狭义的学历，更多的是人们在生活中无意间创造出来的。

文化如同大海，每个人是其中的一滴水。小水滴日常的变动，汇聚在一起也能掀起巨浪。有了这样的共同认知，我们才能在往后的内容中寻找文化中的生活，或生活中的文化。

这本书的书名是《生活的文化和文化的生活》，全书的主体内容分为两部分：一部分是"文化的生活"，另一部分就是"生活的文化"。因为写书的需要，我开始回忆自己懂事以来遇到的与文化有关的人或事。我大学读的是经济学，对于文化、文学等实则是外行。庆幸的是工作以来常能接触到许多文化人，听他们讲与文化的故事，我得以成为一个文化的搬运工，时不时从中窥得惊鸿一瞥。虽然说广义的文化难以一句话概括，但语言、文字、文物、非遗、书信、阅读，这些文化中的具象都被社会认可为"文化"。

因此在第二章，我会用有趣的事件、好玩的人物为例子，陪伴读者一起走进"文化的生活"。

但第三章，则让我欲言又止。如果说"文化的生活"就像学会一个道理，便能联想到身边的事件作为这个道理的引证、比喻，那么"生活的文化"则如同在一片细沙中找寻其所蕴含的轨迹，是从现象到本质的提炼过程。这只拦路虎长时间让我前行不得，甚至落荒而逃。一路磕磕碰碰，我也终于逼着自己认真从本质思考，许多生活中曾经的不解之处也似乎看到了隐含其后的身影。

书中提到的许多观点可能只是我的一家之言，但那又有什么关系呢？就如我的美术教授所说："什么是美术欣赏？不需要会画画、懂艺术，需要运用这些知识的叫鉴赏，不叫欣赏。任何人看这些画、这些艺术品，心中都会有美不美、喜不喜欢的感觉，这就是欣赏、审美的过程。生活中不需要那么多鉴赏，那是留给艺术家、专业家的事，我们只需要凭自己内心的喜好，欣赏美就行。"

第二章

静静过有文化的生活

文化的产生离不开人的大脑，但其本质起源是生活中遇到的各种现象和事件。因此，生活是文化存在的根基，文化成为生活的血液。正如社会学家费孝通所说："文化是人为的，也是为人的。"

这一章，我们就来谈谈语言、文字、艺术、建筑、民俗等人们最熟悉的文化，当然都是以中国文化为例。五千年的中华文化形成，除了中华民族的创造，也有外来文化的影响。历史上的佛教东传、"伊儒会通"、西学东渐、新文化运动、马克思主义和社会主义思想，中华文化在同其他文化的不断交流互鉴中，才形成了今日的文化局面。不过今日之中国，不仅是中国之中国，而且是亚洲之中国、世界之中国。

审美：人类头脑中的"倒三角形"

正三角形构图具有稳定感和崇高感，具有稳重、沉静、端庄的特点。达·芬奇的《蒙娜丽莎》、拉斐尔的《戴披纱的女子》、安格尔的《肖像》是正三角形构图。在古典肖像画中，此种构图最常见。

倒三角形构图具有不稳定和险峻的动感形式。塞尚的《苹果与橘子》，水果与衬布形成倒三角形，具有险绝之美。马蒂斯的《梦》是倒三角形构图，表现了梦的动荡。倒三角形是受到威胁的平衡，反而会给人以强烈的视觉刺激。

许多人并不承认自己有文化，对一些听起来"高大上"的文化活动也不愿参与，害怕闹笑话。例如一说起"审美"，许多朋友首先想到的是美术、艺术等文化活动。"这些活动我很少参加，去了也看不懂。"这可能是许多普通人在心里立即浮现出来的一句对白。曾经的我也是如此，不仅对这类活动望而却步，甚至不敢跟朋友谈论任何相关的话题，总怕"见笑于大方之家"。直至大学里的一节选修课，颠覆了我对"审美"浅薄的认识。讲课教授的一句话，引领一个门外汉大胆迈进"文化之门"。因此本章第一篇，我以"审美"为例，遥遥感谢当年那位大学教授的启蒙。

1. 穿中裤、尖头鞋的美术教授

我大学本科读的是经济学，每日泡在各种数据、曲线、模型中，让我对这个世界有了一种不真实又不寒而栗的想法。如果人类社会中那么多重要的活动，都可以靠各种数据、曲线、模型而推演出其变化规律，预测出未来的话，那我们只是这些计算机的执行者罢了。这个世界终将会发明出一台终极计算机，计算好一切，人类就算不会思考，只需执行预测出来的命令，地球就没什么意外之事了。

内心一旦有了这种可怕的想法，我立即对自己所学的专业心灰意冷，再也提不起兴趣，模仿看到了世界尽头那冰冷、机械的样子。但无论是否对专业还有热情，学分还是要修完的。作为一个非典型学渣，我开始在排得满满的各种学科中挑一些不需要计算的学科选修。很庆幸的是，我的母校是一所百年侨校，涵盖的专业足够多，且可以跨学院选修。于是我跨到了隔壁文学院，选修了古代诗词欣赏、港台电影欣赏、西方美术欣赏、篆刻艺术等公共基础课。选这些课，并不是我意识到自己缺乏"文化钙"，而是听说这些学科考试很容易及格。

西方美术欣赏课，在文学院能容一百多人的阶梯大课室里上。坐在"山顶"上的我，远远看到美术教授走进课室时，以为自己眼花了。经济学院的老师多穿衬衫、西裤，甚至穿西装、打领带来上课，一看就是精英。可这位美术教授却让我大失所望。一头卷曲长发，上身一件 T 恤衫，下身一条宽松的及膝西装中裤，露出瘦削的小腿，脚蹬一双尖头黑皮鞋，没有袜子。

这样的搭配，在一二十年前来看，真的是丑爆了（现在，这样的搭配叫做潮，可惜当时的我水平有限，审美跟不上）。"这样审美观的老师教人如何欣赏美？"如果以现在的表情包来形容当时我的心情，应该是一头黑线。教授的姓名，现在我早已忘记，但他上课前双手插着裤袋，不经意说的那段开场白，我现在仍记得。

2. 珍惜思想家和艺术家这几点星光吧

"什么是美术欣赏？不需要会画画、懂艺术，需要运用这些知识的叫鉴赏，不叫欣赏。任何人看这些画、这些艺术品，心中都会有美不美、喜不喜欢的感觉，这就是欣赏、审美的过程。生活中不需要那么多鉴赏，那是留给艺术家、专业家的事，我们只需要凭自己内心的喜好，欣赏美就行。"原本我只是一个惴惴不安的、充满自卑的文学艺术门外汉，教授的几句话像

生活中不需要那么多鉴赏，我们只需要凭自己内心的喜好去欣赏美就行

是猛的一脚，把我踹进了门。

随后一个学期，我在这门课上也学到了各种模型——正三角形构图、倒三角形构图、X形构图、黄金分割定律。但这些结构不是冰冷的、几何标准的，更不是为了控制人类而产生的。它们的存在是超功利性的，是为了给人以美的享受，或解放人类头脑中无法用数据、文字、模型所表达的情感与想象。

美学大师朱光潜举过一个"对一棵古松的三种态度"的例子。面对一棵古松，商人想到的是砍掉它能卖多少钱；科学家想到的则是这棵古松的科学分类及生长年代；而画家却会马上被古松的外形所吸引，沉醉于它的苍翠遒劲。在看到古松的这个过程中，商人思考价值是一种功利性的活动，而科学家思考分类则是运用知识去认知的活动，只有画家是在进行审美活动。

可见，人类对一件事物的看法或态度是多样的，从看的过程中生出来的态度也是多样的。朱光潜的举例，包括人类主要的三种态度——实用的、科学的、美感的。持美感的态度去看事物，就能看到美。所谓美感的态度，就是不含利害关系的态度。就"用"字的狭义说，美是没有用处的。但这种无用之用，却是人类最自由和宝贵的创造利器。它使人有了理解力、想象力、创造力，感受到精神的自由、自身的与众不同和存在价值，建立起自信和自尊。

语言之美、诗词之美、文字之美、建筑之美、舞蹈之美，要欣赏这些文化之美，不需要你有多高深的文化，只需要有一颗"爱美之心"。"美"就是人类在对客观事物的认识过程中，通过头脑思考而产生的。"美"不是外在的、物化的词，而是内化的、主观的词。我们的生活中时常有"美"。

每个人心中都有自己对美、丑的判断，但都在不知不觉中被深刻地烙上了其所处时代、种族、文明的鲜明文化特征。

3."美育"教育的"无用之用"

在我们的传统学校教育里，美术、音乐等课程只是辅助类的学科，因为绝大多数的学生（艺术生除外）高考时并不需要考这几门课。对于高考的应试教育来说，这些学科就是"无用"的。计算机和数据的所有推断都需要一个稳定的前提，将人假设为不会变动，或情绪稳定，行为前后如一的人。但事实上，人类是这个世界上最难以捉摸的"生产要素"。

"审美"只是人类头脑中蕴藏的其中一个倒三角形，还有许多以人的自由意识为主体的文化活动，让人类的大脑处于活动状态，制造出无数个倒三角形、X形，让人类的行为变化难以捉摸。只要人类不放弃自己这个特性，计算机想要计算出一切的可能就不存在。

英国人类学家马林诺夫斯基曾对人有这样的界定："人是一个制造工具、使用工具的动物；一个在团体中能够传达交通的社员；一个传统绵续的保证者；一个充为合作团体中的劳作单位；一个留恋着过去和希望着将来的怪物；最后，靠着分工合作和预先准备所获得的闲暇和机会，他又享受着色、形、声等所造成的美感。"

审美，不应只是文学院、艺术系的学生需要学习的活动，应该是所有人类都享有的自由感性活动。学乐器、学唱歌、学画画，只是美育的一部分，许多孩子也并不具备学习艺术的天赋，但欣赏美、感受美的能力则应是所有孩子从小就接触的。

近年来，国家也开始意识到这个问题，在中小学中开始倡导"美育"概念。我家孩子参加过学校的乐管团，她的音乐老师要为孩子排练《天空之城》《狮子王》等曲目。但她没有一开始就排练乐器，而是先花了几节课的时间给孩子看《天空之城》《狮子王》的电影，一边看一边给孩子分析剧情。看完之后，再让孩子听纯音乐，感受音乐所表达的感情，最后才开始进行乐器的练习和排练。

很感谢这位老师，她教给孩子的不是一门乐器、一首曲子，而是教孩子感悟"美"。这种不带功利性的、纯思想的感性活动对高考"无用"，却是人类一直追求的。我们努力工作、储备，只为在获得的闲暇和机会中，可以享受这世界上各种色、形、声等所带来的美感享受。

语言：祖先的秘匙

　　语言学是以人类语言为研究对象的学科，探索范围包括语言的性质、功能、结构、运用和历史发展，以及其他与语言有关的问题。语言学被普遍定义为对语言的一种科学化、系统化的理论研究，并且语言是人类最重要的交际工具，是思想的直接现实。

　　"少小离家老大回，乡音无改鬓毛衰。"（唐代贺知章《回乡偶书》）乡音、母语，几乎是绝大部分人（除个别听力、语言障碍人士）进入人类世界的第一个通行证。一个健康的孩子，从牙牙学语，到能与他人简单交流，这个过程看似在与家人的日常生活中就能自然学会。也因这得来全不费工夫，所以许多时候，我们并不觉得语言是一种文化。其实语言是人类文化中举足轻重的一个部分，而它又与生活紧紧相连，难分彼此。
　　狭义的文化，在许多人头脑里首先映射出来的就是文字，但人类的文字只有几千年的历史，而语言的产生远早于文字。语言对人类文化、生活的影响至今仍是不容忽视的存在。但估计有许多人和我一样，并没有从文化专业的角度去正视语言。

几年前，我采访过一位年过八旬的老人。在他颤抖的乡音中，我感受到了语言与文化的关系，正如母亲与孩子般密不可分。

1. 三种文字也难以记述一处乡音

那日，我跟着出版社的编辑到镇上探望一位老读者。年轻的编辑捧着新出版的《隆都方言》，带我来到一间老旧的岭南小屋。一丝阳光透过大门，钻进满屋杂乱的书报堆里。80多岁的陈绍锦老先生眯起眼，捧起自己珍藏半个世纪，已经发黄的线装英文版《隆都方言》，翻一翻，放下；又捧起新的中文版《隆都方言》。他用古老的隆都话，读起了书中记录的童谣。

亚二二，偷钱买榄豉。亚爹 [话] 割耳，亚妈 [话] 唔是。（家中第二子，偷钱买榄豉。爸来割耳朵，妈说儿无过。）

隆都方言是这座城市里最年长的一种方言。我和年轻的编辑都听不懂，也从来没想过将其作为一种文化来研究。直至一年前，陈绍锦捧着那本英文版的《隆都方言》出现在出版社。

他看不懂英文书，但认得书后少部分的中文，那是隆都方言用语。"我妈妈就是隆都人，因此我至今还会讲隆都话。"

1958 年，他还是高中生，得到这本书后，就希望有一天能看懂书里的全部内容。一个甲子过去了，他已是耄耋之年，心中仍有牵挂。于是，老人捧着书想找人翻译。可没想到，这本书一般的译者根本无从入手。这是一本研究语言学的专业书，加上年代久远、专业术语众多，且由丹麦人用英语写作，还需对照隆都方言。能同时拥有这些技能的人，都能当语言学的教授了。

这本书的作者——丹麦大学生易家乐（So-ran Egerod，1923—1995）1948 年来到中国南方，站在一个正在渐渐消失的方言岛上。此时的他不会知道自己将来会在汉学和东亚语言研究方面取得成就，更未预料一个甲子后，自己的博士论文会成为见证隆都方言演变、牵动中外学者的丰富史料。这名勤奋刻苦又充满天赋的小伙子用 7 个月学习了澳门地区的标准粤语、中山客家方言、石岐方言以及隆都方言。1951 年，他完成自己的哲学副博士学位论文，后将论文修改扩充成书。此后，易家乐在学界崭露头角，成为欧洲汉学家联合成立的"欧洲中国研究协会"首任会长、丹麦科学院院士、瑞典隆德大学的荣誉博士。

对易家乐的故事，1956 年的陈绍锦一无所知，那时他还只是一个爱读书的初中生。一天他在老师书柜里发现了易家乐的《隆都方言》。见他对此书感兴趣，老师将书相赠。高中毕业后，陈绍锦依然爱读书，还喜欢研究对联、方言，为侨刊、报纸写写通讯稿。他还曾在《中山日报》副刊开辟《方言杂锦》栏目，介绍中山地区的方言。几十年过去了，陈绍锦一直珍藏着这本书，很想知道前半部分的英文写的是什么内容。

2.几代文化人的接力赛

当老人将这本线装英文书送到中山市政协文史委员会时，负责接待的人员心头一震。这时距离原书出版已经近60年，作者易家乐也已经去世。"这是我们的地方方言，隆都话是我们这里一个特有的文化符号，必须要保护，这样我们的文化才能保存下来。"文史委的定位是收集文化和史料，所经手的图书多属于小众型。找教授翻译，找出版社合作，找原作者在丹麦的后人，经过两三年的多方沟通，这本60年前由丹麦人用英语写作、研究中国南方一处乡村方言的学术书籍，终于在2016年年底出版中文版。

这本书的译者是一所大学翻译学院的副教授。他平时翻译的多是名词术语多、难度高的书籍。抱着对语言学的兴趣，也为了挑战自己，他接下了这个翻译工作。花这么大的力气去翻

在语言学研究者的眼里，乡音、方言就是生活
记录下来的最真实的史料

译一本 60 年前研究方言的书，值得吗？副教授说，正因年代久远，且现代隆都话又发生了变化，所以这本书记录下来的发音、民间习俗、童谣等，才成了丰富的史料价值，让后人得知其演变路径，具有对比研究的价值。

在语言学研究者的眼里，乡音、方言就是生活记录下来的最真实的史料。在翻译过程中，副教授就发现书中引用的民谣和民间传说汉字版本在描写和准确性方面有误差。为此，他几次专程从广州到中山拜访陈绍锦。就在那间堆满书报的老屋中，他拿着书，一页页向这位八旬老人请教。"当场跟他核对。有些词语，他用隆都话一读，再一解释，我就恍然大悟了。"而陈绍锦老人也由此书的收藏者，转换为此书的校对员。

3. 祖先的秘匙在消失

据德国出版的《语言学及语言交际工具问题手册》统计，人类的语言有 5500 多种。但这只是现有的语言，在这之外，已经有很多种语言、文字从世界上消失了。比如哥特人和玛雅人的语言文字，赫梯语、卢维亚语、达尔马提亚语、苏默语，等等。中国各民族的 80 种语言中，至少 12 种已经消亡，它们是和阗语、粟特语、吐火罗语、哥巴语、西夏语、东巴语、契丹语、女真语、于阗语、巴思巴语、察合台语、鄂尔浑－叶尼塞语。而未补列为"语言",只能属于"方言"的乡音,更难以统计。

翻开《隆都方言》这本历经一个甲子、横跨亚欧,由两代学者和民间文史工作者共同携手完成的语言类学术书,即使已是中文版,我仍看得很艰难。书里对方言的分析细划到音位符号、音位标注、元音、声调、音韵、词序等,各种专业术语一个接一个,看得我只能用四川方言"脑壳疼"来形容。唯一能吸引普通读者的,也是陈绍锦老先生一直以来能看懂的第五章。这章先记载一段隆都地区的童谣、习俗或传说;然后逐一用音标标注记录下来;最后用普通话的文字写法翻译出来。在这里,我给大家摘抄其中一段关于"过年"的译文。

　　如隆都地区旧历十二月十六日叫"尾祃",每月的初二和十六日称为"祃"。店铺要"做祃"。在初二和十六,人们杀鸡宰鸭,用鱼和肉拜关帝、地主神和土(地)神。这一天伙计都享用一次大餐。

语言研究,就是记录、研究本地居民讲这些日常生活中童谣、习俗或传说的发音、用词、语序等,进而从中了解这些居民的历史文化。为什么语言学者要坚持研究各种语言、方言,抢救、保存那些即将消失的语言或方言？因为他们知道，这是人类文明的一个重要文化，当中隐藏着众多我们至今还未知的密码。或许在童谣里，或许在传说中，人类的祖先曾留下破解这个世界秘密的钥匙。

文物：为何旅游都要下车看庙

文物是指具体的物质遗存，它的基本特征是：第一，必须是由人类创造的，或者与人类活动有关；第二，必须是成为历史的过去，不可能再重新创造的。

孩子逐渐大了，我每年会抽空带她出外旅游。幼时她并不太在意去别的城市干什么，只觉得换个地方坐车、住酒店，吃东西很新鲜。到了小学，她就生出了自己的疑问。"为什么我们去到哪里，都要去看一些很古老的景点？"这倒把我问住了。

孩子所理解的很古老的景点，应该就是我们平常所指的文物单位或历史遗址。去一个城市旅游，看当地的博物馆、文物单位或历史遗址，确实是必选项。说得简单粗暴点，就是上车可以不睡觉，但下车后人人都看庙。本以为小学生只会问点具象问题，没想到竟一针见血，问了个提纲挈领的"硬核"。怎么回答孩子的问题？这还真不是一两句话能讲完的事儿。

"我们去别的地方旅游，希望看到那里的人是怎么样生活的，那些曾经在这个地方，但已逝去的古代人，他们又是怎么样生活的。现在人的生活和我们差不多，但古代人的生活我们看不到，只能通过文物来了解他们的文化。"这是我思考后对还是小学生的孩子所作出的解释。

幸好，她似懂非懂地接受了，并没有提出更进一步的问题。万一孩子再问什么是文化、什么是文物、为什么要了解古代人的生活，我可能舌头打结也讲不清楚了。

为了更好地引起孩子"下车看庙"的兴趣，在之后的旅行，我都会提前一段时间告知她目的地，然后为她寻找一两本与旅行地点相关的书籍，例如韩国出版的历史探险漫画书系列《×××寻宝记》。一个国家或城市里的重要文化知识点、文物都因"寻宝"而被串起来，轻松的文字配上漫画，常常让女儿看得哈哈大笑，又对目的地心生向往。

读五年级的时候，她跟我们去埃及，出发前已把《埃及寻宝记》反复看了两三遍。在进法老的墓道时，两边墙上画满了壁画，但没有人讲解这些图画的意义。"这画的都是什么呀？人还是动物？"同行的一位游客不禁自问。"这个是拉，最大

"下车看庙"，有的人看在眼里的是物化外形，
　　　而有的人看到的是文物背后的历史文化

的神。这是安努力比斯，死亡之神。"女儿随口的回答让我和挤在周边的游客们都惊讶地看着她。"这些书里都画了，每个神的模样不一样，他们管理的职能也不一样。"孩子生怕我不信，还赶紧指着壁画里的几个神给我介绍。

经过这事后，以后无论去哪里旅行，孩子都要求我提前告知她地点、行程，自己先去找相关的书看，而且出游时必须把这些书背上。

1. 去看古人怎样在生活中吃喝玩乐

"下车看庙"就是看文物的简称，有的人看在眼里的是物化外形，而有的人看到的是文物背后的历史文化。这些人类在社会活动中遗留下来的具有历史、艺术、科学价值的遗物和遗迹，是人类宝贵的历史文化遗产。

根据国家有关规定，按年份长短、艺术水平高低、学术价值高低等不同情况，现存文物主要分为一、二、三级。这个实物可以是很多不同的内容，如玉器、陶器、瓷器、铜器、金银器、石刻砖瓦、书法绘画、甲骨、符牌印章、货币、牙雕、竹雕、漆器、珐琅、织绣、古籍善本、碑帖拓本、武器。别被名单中那些"高大上"的说法吓着，转换为现代说法，就是古人平时的生活用品、休闲娱乐技艺，以及各种书籍、会议文件。只是因为这些东西年代久远，如今能发掘到的少之又少，所以历史价值高了。

这些文物除了摆出来给现代人参观，还有什么用？"彼之珍宝，吾之草芥。吾之砒霜，彼之甘露。"斯人已去，没法开口讲述当年，我们只能从这些物件中窥视人类文明的发展历程。例如甲骨，对现代普通人来说也许只是一块被刻了符号的兽骨；对当时的古人来说是他们的生活指南。但对于研究学者来说，这就是距今四千年左右的商代中国文字已有较完整的一套体系的实物证据。除此之外，还证明了那时的中国人已在关注、思考这个世界的天文、地理等现象。

2.跟考古专家去看大墓

我们不仅可在文物中发现古人生活的蛛丝马迹，在文物中总结推断出人类文化文明的发展进程，还能根据每个不同历史时期不同的文化，倒过来推断或证实一些文物的真伪，或为其断代。如一些电视台的鉴宝节目，虽然是文化类节目，却有众多老百姓热情参与，抱着传家宝而来。专家的水平有高低，传家宝也有真假，但在这个过程中，真的能学到不少文化知识。许多时候，专家鉴定一件文物的真假或价值，都要参考同一时期的文化。鉴宝现场我没去过，但跟专家去古墓现场勘查倒有一次。

可能是盗墓笔记类的小说看多了，我总觉得每个古墓里都会有未破的机关等待我们去触动。不是每一座古墓，都被列为文物。想要位列"文物"，得经专家考证年代、规模、等级、是否稀缺等一系列内容。近年，国家重视文物保护，于是许多地方政府会对自己辖区内的一些重要历史遗迹做测评，看是否属重要文物。一次听说政府请了一位大学考古系专家对某条村里已被列为文物的大墓重新评估，于是我连忙跟去凑热闹。

这座城市宋代才设县，且许多土地是后期的淤泥冲积而成，因此，一直以来就没有什么重要的历史文物。去之前我上网查了一下当地政府对外公布的关于大墓的宣传资料。这是一处明代古墓葬，除了占地面积等，还有"依山势呈梯形，分四层建筑。墓冢及外围檐墙均用红砂岩砌筑，每层墓地两侧檐墙角上都饰有石雕麒麟。檐墙之间设拜台，共四级，中间两级用雕有琴、棋、书、画的石板砌成台基"等描述。

专家到了现场，掏出激光尺，前前后后勘察了一番。从形制上看，该墓也确是明代，对于一个仅有八百多年历史的城市来说，明代文物已是久远之物。重要判断完成，专家就开始细看墓前的碑文、墓台等，助手则在一旁记下他所说的一些专业术语，如"祥云拱月纹饰"等。大墓分四级，每两级中间有台基，上面还有一些纹饰，但因年代久远，现在已无法看出当初是什么纹饰。专家只让助手记下"纹饰不明"。看过政府宣传资料的我赶紧提示："资料里说这是琴、棋、书、画。"专家又认真看了一眼那些已经被岁月冲刷的石板，摇了摇头："肯定不是。"

"那是什么？"不甘心的我又问。"不知道是什么，但肯定不是琴、棋、书、画。"专家轻松又不像是开玩笑的回答让我很是惊讶。在看不清是什么纹饰的情况下，为什么他能笃定上面的纹饰不是琴、棋、书、画？

对于我这种一问到底的考古"小白"，专家解释道："以琴、棋、书、画作为纹饰的这种风气是清朝才开始的。清朝的审美已渐渐向具象发展，描画的多是日常生活中常见的景或物。而明朝的纹饰和审美风格不一样，许多时候出现的纹饰并不是具象的，而是一些抽象的、经过提炼的形象。经各种测定，这个墓是明代墓无疑，所以这些纹饰就算已看不清，但绝对不是清朝才时兴的琴、棋、书、画。"

3.让后世考古学者犯难

专家的这一番解释，立即让我有种涣尔冰开的感觉。文物是文化的重要一部分，因此其行径范围也必须与当时的文化相印证。有时在鉴宝节目中，也常会听到一些专家说某件宝物不符合其年代特征。我曾突发奇想，如今社会上，惊世骇俗的年轻人不少，这会不会让后世专家在考古断代上犯难？

例如某个现代年轻人的性格多元，有时候穿的服装与现今潮流不同，甚至是新奇到让人目瞪口呆。那 N 年后，这件衣服要是出土了，会不会让后世的专家认为不是这个年代的服饰？还有一次，某同事对于家门口附近新开的一家饮料店的名字颇有意见。那是一间叫"丧茶"的奶茶饮品连锁店。店开后，她儿子天天吵着要去买饮料。现在年轻人所说的"丧"，很多时候只是指情绪、运气不好或垂头丧气，并不是老一辈人传统文化中所指的"有人去世"。

中国传统文化讲求吉利，一般对死亡等悲伤的事情都较隐晦。喝饮料应该是一件开心的事，"丧茶"确实让许多传统文化观念较深的人难以接受。因此，同事觉得家门口附近开了间这样名字的店，看着就不舒服。这种不舒服，其实是无法接受这种与传统文化观念相冲突的年轻人的文化。若后世专家考古发现了这种饮料，会对断代犯难吗？

转念一想，我这想法是"不识庐山真面目,只缘身在此山中"。文化并不是一成不变的，它是我们生活中的一部分，我们在变，它也会变。这些与现在认为的传统文化观念冲突的事物出现，而且还不会被强制，本身就是这个社会多元文化的体现。随着网络联通、中西交汇，加上不同年龄层人群表达个性的多渠道，这个社会的文化也在创新变化。至于现代的文化，你和我都是创造者，后世的考古专家也自有其那个时代的判断。

非遗：不做没有新鲜血液的僵尸

根据联合国教科文组织《保护非物质文化遗产公约》的定义：非物质文化遗产（Intangible Cultural Heritage，以下简称"非遗"）指被各群体、团体，有时为个人视为其文化遗产的各种实践、表演、表现形式、知识体系和技能及其有关的工具、实物、工艺品和文化场所。

各个群体和团体随着其所处环境、与自然界的相互关系和历史条件的变化，不断使这种代代相传的非物质文化遗产得到创新，同时使他们自己具有一种认同感和历史感，从而促进文化多样性和激发人类的创造力。

上一篇谈到的文物是文化的实物遗产，那这篇就必须聊聊非遗了。简单点，非遗是一种老祖宗留下来的无形的文化资产，如语言、精神、经验、技艺等无形的文化内容，多数靠口口相传，或手把手传授。这种传承可以是家族内部的继承，也可以是师徒间的传接，也有可能是某个地区里广泛普遍流传的，但一般都得超过 100 年以上，或经过三代人的传承。

这十几年，许多城市都在努力寻找、发掘这些快将在历史长河消失的无形文化资产。但这些无形的资产锁不进保险柜，也不是住在博物馆里，它需要活在现代人的心里、脑中，才能传承下去。祖宗留下来的文化遗产，若只是将其锁进柜子、放进博物馆，而不再使用，那我们只是遗产的搬运工，很快就会失去这份遗产。因此，非遗的传承必须注入外部力量、新鲜血液，才能续命；否则就算是被政府挂牌定名为非遗，也终将挽留不住其逝去的脚步，或成为仅余躯壳的僵尸。

有人担心新力量的注入会使非遗变味，演变成商业化的行为；也有人担心科技化、工业化的手段会将非遗的精致面貌磨砺成千篇一律的流水线产品。是的，这些担心都有可能出现，但并不是非遗可以故步自封、拒绝现代化的借口。非遗的传承与发扬，在于传承者是否能抓住其文化核心、顺应时代，为这种文化注入新的血液。

1. 这是我的整副身家

多年前，我拜访粤剧演员邓志驹的工作室，看到的景象让我震惊。准确来说，那个工作室是他专门打造的一个音像室。

黑胶唱片似乎总是带着一种有些过时的浪漫，
是一种温暖的情怀所在，更是绝佳音质的象征

一位年轻的工作人员在电脑前整理音像制品，旁边是一排冰冷的大铁柜。邓志驹拉开铁门，自豪地说："这是我的整副身家。"

呈现在我眼前的是排列严整、数以千计的粤剧音像资料，比我在某些城市电台里看到的音像资料库还多。除了数以千计的各种粤剧表演母带，还有无数录像带、录音卡带、黑胶唱片、CD、VCD、LD。

邓志驹是一名专业的粤剧演员，被粤剧界誉为"卡拉OK王子"，参与录制了两百多首粤曲卡拉OK，所发行的影碟遍及全球粤语华人的地区。这些音像制品对推动粤曲粤剧事业的发展和吸引更多阶层人士对粤曲产生兴趣起了很大作用。

他希望有一天能成立一个粤剧音像馆。广东已有城市建起粤剧博物馆，将表演道具、服装等陈列出来，供游客参观。但邓志驹觉得，唱腔、词曲这些看不见、摸不着的技艺才是粤剧的核心。只有把这些最关键的专业知识收集、整理并系统形成类似于教案一类的内容，才能让这古老的文化得到真正的传承。

因此，他无论走到哪里，都关注粤剧的音像资料。每每遇到好的作品，哪怕有时只是一张唱片封套，邓志驹仍会像粉丝见到偶像一样，两眼放光。

"心头好"可遇不可求，邓志驹曾花了七八年时间去寻觅一张黑胶唱片。那是三张一套的《啼笑姻缘》，表演者是马师曾、凤凰女、梁醒波、靓次伯、任冰儿等。这是 1977 年香港艺术节上"五王"剧团舞台实地录音的成果。多年前，一个朋友将这套黑胶唱片赠送给邓志驹，只需他翻录一张 CD 回赠用以收藏。

邓志驹如获至宝，正准备，却不巧当天有个会议，没多想便把唱片放在车上。开了一天会之后，他再到停车场取车时，却发现由于阳光暴晒，黑胶唱片竟然中间拱起来，弯成了"帽子"。

邓志驹觉得愧对朋友，那段时间到哪都留意淘碟。除广州、香港，他甚至到国外演出也不忘淘碟。"一次到新加坡，又去逛。有个店主说，前两天才以 5 元的价格卖掉最后一套。"就这样，他又一次与"五王"擦肩而过。直至三年前，广州一家小店的老板打通了他的手机，告知收到一张黑胶唱片，可能就是他想要的。"我当时都忘了，十年前到过他店里，还留下过手机号码，让他见到就通知我。"邓志驹说，真庆幸自己这么多年没有换手机号。老板也很有心，"五王"终于如愿到手。

邓志驹的工作室除了音像室，还有客厅。门厅入口处一整面墙排满过百盒的录音卡带。几十年前，就是这些巴掌大小的盒带改变了粤剧的传播。邓志驹说，这些工业文明的产物，让以前只能在戏院里欣赏的粤剧进入了千家万户。他自己就是自小听着粤剧唱片长大的。在他的工作室里，还有早期的留声机、各种型号的电唱机，可以听 33 转、45 转、78 转的黑胶唱片。

大厅正中，还有一部专门播出 16MM 电影胶片的放映机。镶上带子，打开射灯，马师曾、红线女的《搜书院》就显现在银幕上。整出粤剧拍成电影，新中国成立后只发行了 3 出，其余的折子戏也不过 10 出。黑白影像里的人物清秀婉转，让人过目不忘。这些珍贵的音像资料，铭刻着老一辈艺术家与那个时代粤剧的光芒。

2. 用数字化存留无形资产

俗话说："声无百日响，花无百日红。"粤剧也是一样。邓志驹说，随着现代科技的发展，粤剧受到冲击。粤剧需要传承和发展，就不能只把音像资料"收"起来，而是要对这些资料编排归纳，为研究打基础。十多年前，邓志驹就开始对所有卡带、唱片、录像带造册登记、编号，按它们在粤剧发展史中出现的顺序归类存放。录像带、磁带的寿命有限，为了延长它们的寿命，邓志驹还对这些声像资料进行数字化转存。

抽出柜子里一盒粤剧演出带，邓志驹说，这是 1979 年香港丽的电视台拍摄的现场演出节目，带子的寿命只有二三十年。他将这些带转录为"贝塔"带。但"贝塔"带的寿命也只有二三十年，还会再次面临影像流失的问题。"只有转为数字，存入硬盘，才能保存更长时间。"经过几十年的收藏，数以千计的音像资料，仅凭邓志驹的业余时间根本无法完成转存。过去十多年来，他请了两位专人协助做这项工作。

面对前人创造的辉煌，也面对如今粤剧被评为"世界非物质文化遗产"的现状，邓志驹有自己的想法。"20世纪30—60年代，前人通过改革创新创造了粤剧的辉煌，这种改革不是随随便便就能效仿的。加上'文革'期间的破坏，现在应该继续'疗伤'。我们能做的首先是固本强基，然后在此基础上再求发展。"

千百年来，不仅粤剧，中国的传统戏剧行业都是以口口相传、师傅带徒弟的方式传承，系统性的理论教材并不多。要让普通人了解粤剧、喜爱粤剧，吸引人的音像很重要。

十多年来，邓志驹不断完善自己的资料。目前，他的音像室只与朋友分享。他希望有朝一日，能建一个粤剧音像博物馆，让人可以在这里坐下，慢慢喝着茶，品味粤剧发展过程的各阶段变化。

3. 让一年一次的民俗随时挂在身上

正在写这篇文章时临近金猪年。朋友阿文在微信上晒了一个钥匙扣，配上文字："做了少量'开门大吉'钥匙扣，谁要？"

在阿文的家乡，村里的孩子在过年前几天会找出一个手掌大小的木质印模，拿着墨汁、红纸开始捣鼓。木板上通常竖着刻上三句过年的吉祥话，如开门大吉、恭喜发财、丁财贵寿，但正中间那句必须是"开门大吉"。用墨汁把木板涂黑，印在红纸上，就能得到一张"开门大吉"的印刷版。

除夕吃过晚饭后，孩子拿着一叠印好的红纸、自家煮的糨糊，挨家挨户上门去贴。到了大年初二，贴过红纸的孩子带上自家的印模，逐户敲门喊着："叔父伯母，收开门大吉利是钱噢！"来开门的大人这时必会笑脸相迎，对照印模，给敲门的孩子一封小利是。

这样的民俗，阿文、阿文爸爸、阿文爷爷小时候都体验过。但近十来年，乡村里的年味越来越淡，孩子能玩的玩意儿越来越多，这民俗已式微。近年镇上一些社地、青年团体意识到这项民俗有即将消失的趋势。因此，这项习俗虽然未被列为非遗，但当它获得这些团体关注后，越来越多的孩子在过年前被组织起来以游戏的形式边玩边学。

爱玩创意的阿文觉得只在过年时才玩不过瘾，于是想出了把木质印模缩小成钥匙扣，挂在身上随时玩的创意。但要在一平方厘米的小木头上刻十来个字，却也不是容易的事。传统手工匠人或许可以做到，但一时不易找到。阿文只好求助现代技

术——电脑激光雕刻。这玩意儿做好后，在微信朋友圈里一发
出，立马就被大伙疯狂点赞，要求阿文帮忙定制。这项曾日渐
式微的民俗文化，经过科技的创新，重新回到年轻人身边，成
为大家常见的小玩意儿。

　　不做没有新鲜血液的僵尸，重新融入生活，才是所有非遗
最好的归宿。

匠人：时间打磨匠人，匠人趟过时间

　　陶塑瓦脊，采用陶塑人物、动物、花卉进行装饰，被广泛
运用于屋宇、庙堂、宫观等建筑的屋脊装饰上，体现了岭南地
区汉族民间建筑装饰浓郁的地方特色。

　　瓦脊艺术是中国岭南地区汉族传统祠庙建筑的重要特征之
一，在其加持下，祠庙更具艺术表现力。用民间的话来说，这
种屋脊才够"威"。被誉为"东方艺术之宫"的佛山祖庙，绝
佳地展现了瓦脊艺术的应用。无论从设计造型，还是艺术性、
思想性上，佛山祖庙均体现了当地民间工艺的精湛技艺和卓越
成就。

近年来，工匠精神日益受到重视和提倡。食品、服饰、工艺品等，都物以"手"为贵。如这两年广告做得非常"高大上"的"小罐茶"，其广告语为"小罐茶，大师作"。冲着"大师作"这三个字，不少消费者已心生向往。一罐茶小小一撮，4克刚好泡一次的量。10罐卖500元，20罐要卖到1000元。据说"小罐茶"公司2018年的零售额达20亿元。这更让一些媒体担心广告里所说的8位大师累坏了。

8位制茶大师手工制作，一个大师一年炒2.5亿斤的茶，平均下来每天炒出220斤净茶，每天要炒1466斤鲜茶叶。

大师们会不会累坏，我不知道，但我知道，我家附近菜市场里做手工河粉的那个手工生产者却连这个小市场里的需求都常常满足不了。这个菜市场里的河粉，分机器和手工两种价钱。机器做的河粉2.5元一斤，手工制作的河粉贵一倍，5元一斤。即使这样，手工河粉还总是早早卖光。

某日又买不到手工河粉的我忍不住跟老板抱怨："你知道手工河粉好卖，就多进点货嘛，你也可以赚多点。"老板却也委屈地说："人家每天做的数量就固定那么多，我说想要多点货，他也不肯再做，说做不来了。"哎，这做手工河粉的生产者看来得好好学学"小罐茶"的几位大师了，做这么点河粉就累坏了。

后来我又接触了一些手工匠人，才发现许多匠人都对自己的产品有着产量的自律、约束：每天限量工作，不扩大生产规模，某些环节宁花长时间也不用机器……在时下追捧手工、匠心的风潮中，为什么他们还要给自己定下各种规矩？大部分匠人都是沉默寡言的人，不会表达。直至我遇见陶塑瓦脊师傅何湛泉，这个对自己的技艺有着深刻思考的匠人，对于匠人们的想法，给了我精彩的答案。

1. 跨越时间"与祖先合作"的匠人

何湛泉不是普通的民间陶艺师傅，广州陈家祠、佛山祖庙、德庆悦城龙母庙、香港车公庙、三水芦苞祖庙等，都是他的展厅。他制作的不是普通陶艺品，而是传统岭南建筑中重要的装饰——"三雕两塑"中的陶塑瓦脊。那些古建筑屋顶上色彩艳丽的双龙戏珠、花鸟瑞兽、八仙过海等人物、动物、花卉陶塑装饰，简称"公仔脊"，多见于清代和民国时期。这些公仔脊于修复古屋来说，就如同为已灰白的脸蛋重新描出眉眼，涂上胭脂水粉，成为建筑与天空相交的灵动天际线。何湛泉，就是这条天际线的修复者，他却自称是"与祖先合作"的人。

如今何湛泉在业内已十分有名，可他的工厂并不大，产量也有一定的限制。他不仅不肯扩大生产，还坚持制作的每个重要环节都亲自参与。他说，现在不少生意人希望能一年投资，三年回本，五年上岸，六年退休。"做生意都讲求速度和效率，但不能因为一个'钱'字而埋没了许多地道的民间工艺。民间工艺是没有速度的、不讲速度的，讲浸淫，讲年份，是用时间去渗透的。"

这几年因为社会对手工匠人的重视，不少顾客希望他的陶屋出品能大量快速出货，还有人建议他多招人手、扩大工厂。但20世纪80年代初创办陶屋时，他就已告诫自己要专注制陶，并定下了规模不超过30人的规矩。

很多人不理解他的想法，他却认为这是坚持自己陶艺的关键。"当你发展到300人，甚至3000人的时候，你必须走一条路——产业化。每天太阳升起，就要想办法为几百、几千人找饭吃，你必须量产。可民间工艺，靠人去传承、研究。我不断地研究，固定这二三十人，就可不断地传承、做精。"

2. 时间是打磨匠人的工具

从20岁出头开始学陶，何湛泉习惯将传统文化、技艺称为"祖先的东西"。收藏近千旧石湾陶器，为炼泥，曾经每天赤脚踩泥近一吨，为寻找古法底釉王桑枝灰而踏遍珠三角的桑基鱼塘……这些都是他对"祖先的东西"发自内心的真正敬畏，"冥冥中，祖先有安排，我因为执着而被选中。"坚持古法制陶 30 多年，何湛泉认为"工匠"二字的重点在"工"。要从一线的工人开始做，十年，二十年，坚持在某一道工序、某一个领域里埋头勤做，然后才有可能升为"匠"。一直守在龙窑旁，从青年到壮年，他一直认为时间是打磨匠人最重要的工具。

他曾参与佛山祖庙百年大修，难就难在要修旧如旧。何湛泉说这种大修是"与祖先合作"，把几百年前、一百多年前陆续烂掉的部分一一恢复，还要完整衔接、保持风格统一。"重做的陶艺公仔如同新出生的孩子，没有皱纹。就算做得与旧的一模一样，但装上去还是与旧的不一样。旧的在屋脊上一百年甚至几百年了，风吹、日晒、雨淋的岁月皱纹是无法仿造的。"这又是一道与时间相关的难题。

此外，修复旧陶还存在着体积变化的计算，因陶瓷烧制过程中会产生收缩现象。在木柴龙窑里高温烧制达到 1250℃，会收缩 12%。打个比方，新做个坯 1 米长，烧出来 88 厘米。匠人首先要计算收缩率，再来决定公仔的尺寸，计算合理才能与旧陶衔接完整。这个收缩率没有统一的公式，只能靠匠人用经年累月的经验，在心中盘算。

有些事，不是只凭师傅几句话的教导就能消化、变成自己的营养。以烧火为例，师傅教要看火色变化。但怎样的火才是师傅口中的红、黄、青、白呢？只能靠自己一窑又一窑地烧制、

陶出世之前，整个工艺架构是怎样的，把工艺、
技术都读懂了，这样东西就是你的了

观察和体验。只有真正烧过、重复过，靠眼睛和大脑、手并用，将师傅的秘方吸取、消化，才能学会。在重复练习摸索的过程中，才会明白为什么师傅会这样说。真谛就在做的过程中感悟，捉摸到神经了，才会有知觉。想学传统，得先学祖先一句话——工多艺熟。

就算材料、火候、颜色等能在技术上修旧如旧，可人物的面貌、表情没有图纸，给公仔们重新塑颜，更考验匠人对传统文化的理解和时间的感悟。何湛泉曾修复的三水芦苞祖庙，是清代光绪时期的建筑物。在"破四旧"的年代，公仔头全被打烂。他用了一年的时间，解读已不见的公仔头。"解读的密码就在中国的典故里。人物性格、服饰、场景等，在典故里都能找到相关资料。根据典故去研究，再把头部一个个恢复，衔接上去。"

"我们祖先的每一样工艺或文化，我们都要消化和解读。消化不了，不是你的；消化了，就是你的了。这件陶出世之前，整个工艺架构是怎样的，把工艺、技术都读懂了，这样东西也是你的了。如果消化不了、读不懂，那这件东西只能是一个摆设的物件，不是你的。"

3. 用时间寻找祖先的根

动辄需要千年的文化理解，常常要靠自己的经验积累，生命有限的匠人如何跨过这"时间"的难题？何湛泉是个爱看书、爱收藏的人。他不仅看大量有关陶艺、木柴龙窑等的书籍，还不断从民间搜集明清时期的石湾陶艺进行实样解读。石湾的陶艺，包罗万象，多姿多彩。在所有的陶艺里，屋脊是一种综合文化。即使是一个戏曲故事，也是一个组合的团队。屋脊文化里面不仅有亭台楼阁、岭南的瓜果树木，还有戏服戏饰。"这种综合艺术，很考验人本身的认知、素质以及对传统文化的演绎和解读。只有你了解得深透，才能演绎得精彩。"

何湛泉曾与一些美术学院的师生交流。匠人与学院派的区别，在于传承了"时间"这条祖先的根。这种民间工艺不是学院工艺，就是家喻户晓的一种东西。学院的现代手法、标准比例等做出来的成品有时确实比民间工艺品要精美、漂亮，但那不是古建筑的感觉。

"我们是要寻找祖先的那条根，要的是阿爷传阿爸，阿爸传阿仔的，一代代相传的那个模式，甚至可以是没有比例的，但做出来很有民间的味道。"只有大概模式，没有精准数据，这条祖先的根怎么进行传承？何湛泉说，匠人的工艺无法用精准来处理，只有人性化。人不是机械，是有喜怒哀乐等情绪的。

祖先的本领我们要学，但也要融入自己的理解和创造，才会有时代的特色。社会是进步的、与时俱进的，但有时某些事情却是要坚守的。

阅读：真人阅读轻松？你的阅读方法错了

1993 年，丹麦青年罗尼·勃格在一次晚会后被人刺伤。勃格康复后，与朋友建立了一个非营利组织，旨在呼吁"停止暴力"，提倡大家进行面对面沟通、交流。"真人图书馆"由此产生。此时读者所借阅的"书"已不是传统意义上的"书"，而由活生生的人充当，因此读者的"借书"行为变成"借人"行为。

主办方根据不同主题，邀请相关领域的专家学者，或是有特别经历、感悟的人充当"图书"，允许读者通过预约外借半小时或更长时间，在一个轻松自由的环境中，畅所欲问，互动交流，从而达到相互沟通、增进理解的目的。

只要你愿意捧起一本书，当中的文字就有可能让你游遍天涯海角，穿越古今，窥探人心。近年，一些 24 小时书店、24 小时图书馆陆续在大城市里开业。这盏阅读的灯火温暖人心，在这样的阅读空间里享受的是环境带来的心灵愉悦。这些高颜值的网红书店，又让我想起了十多年前无意闯入的那间农家小屋。

1. 乡村麻雀学校旁的小农屋

已经忘记当年为何会走进那偏远的山边小村庄，只记得满眼翠绿的稻田、悠闲甩着尾巴的水牛、高高低低隐入山中的农舍，一步步引我向宁静的小村越走越深。当太阳开始西沉时，一阵铃响打破了乡村的宁静，顿时孩子们欢腾的吵闹声响彻田野。原来在那些农舍中还隐藏着一间小小的学校。一些孩子背着书包，连蹦带跳着出了校门，四面八方奔向村中小路。也有一些孩子聚向校门旁一处农家小院。多半是小卖部吧，我想。可等我踱步至前才发现，小院里没有小卖部，只有书。

这是一间两层的老旧村屋，其后厅的小院门正对着学校，出了学校侧门，一步就能迈进小院门。小院里的后厅正中一张大大的长木桌，五六个孩子正趴在上面写作业或看书。除去进门一边，厅内其余三面墙都是书柜，几个孩子在书柜前串来串去。

这些孩子，来这就像进自己家。书包找个角落一甩，开始在书柜里翻翻找找，抽出一本，找张凳子就埋首其中畅快阅读。书柜里的书，有杂志，有儿童小人书，有本土人士的回忆录，还有思想政治类书籍，许多书已残旧。可进来的孩子不介意，有的进来也不为看书，只是三三两两凑在一起在长桌上一边开心说着话，一边写作业。不时还有家长走进后厅，在书堆中找自家的娃。

一名阿姨一会儿帮孩子拿高处的书，一会儿帮家长找孩子，一会儿又转回屋内忙自家的活儿。

十多年过去了，我还记得自己首次走进那间农家小院时的震惊。那时全国还没有推广农家书屋，村镇图书馆也甚少。帮孩子找书的阿姨姓罗，攀谈后我才知道，她家这间小屋叫"月珍书屋"。罗阿姨的母亲是革命老战士，抗日战争时期就在对面的小学里当教师掩护身份。这片青山中的乡村是她当年战斗过的地方。母亲去世后，家人就在学校旁以她的名字建这座月珍书屋，开放给附近的孩子阅读。罗阿姨夫妻在大城市上班，退休后就在小村庄里专心打理小书屋。

书屋里的书有些是罗阿姨购买的，有些是朋友捐赠的，也有些是革命战友送来的。几百册的书不算多，也不尽适合小学生，但对于这座村庄的孩子来说，这已是一座宝库。在这间小学读书的学生除了村中农民的子女，还有许多是外来的耕户子女。这些父母平时多忙于农活，家里也没什么书可以供孩子看。

"与其让他们放学后在田里疯玩，还不如在这里看看书。"罗阿姨每天下午四点半，就会将面对学校的小院门打开，直至六点多。孩子进来看书不需要钱，也不需要办借书证；如果想拿书回家看，跟罗阿姨说一声，自己在登记的小本上登记便算完成手续。小书屋开了五六年，一些当年在这里看书的小学生已离开村庄，到镇上读中学。

我试着与一个手捧《童话故事》的小女生搭讪，她腼腆地说，学校里没有图书馆，去镇上的书店得坐上几站公交车，只能周末有空时才去，因此她每天都来这小书屋看书。"今年升五年级了，老师经常要我们练写读后感，但我家里没有书，在这里可以随便看。"

孩子的笑容刺痛了我的心。流动小人书的摊贩，在上个世纪已消失；即使是大城市里设施齐备的学校有图书室，放学后也便闭馆；乡镇文化站的图书室里，以成人的书籍为主；对于大多数村庄里的孩子来说，阅读是奢侈的。敞亮的图书馆、丰富的藏书，这些只集中在城市里，堆砌在馆藏中，离乡村的孩子很遥远。这间书屋，已与学校、村庄融为一体，让阅读变得唾手可得，如同田边默默的小野花，不为人注意，却默默散发着微弱的香气。

后来，媒体对月珍书屋的报道感动了许多市民，有书店主动给书屋赠送了一批新的儿童书籍，也有学校组织孩子去书屋参观。再后来，我渐渐淡忘了月珍书屋，直至三四年后再次经过这座村庄，才再次想起。如同十多年前一般，我再次走向村庄深处，却发现小学已经搬迁，在月珍书屋的小院门久叩门扉也无人应答。

路过的村民说，政府合并麻雀学校，小学搬到镇上去了。孩子每天放学回来后天色已晚，来看书的越来越少，近来月珍书屋已不再开门。那场席卷全国的撤并"麻雀学校"的风潮，让这座村庄的孩子身边的学校都没了，不要说身边的阅读了。

2. 真人阅读真的很轻松吗

十多年前，当我还在为乡村孩子的阅读不易而难过时，有些国家已发明"真人图书"。真人图书馆（Living Library）是一种阅读理念，通过读者"借"一个活生生的人交谈，以获得更多见识，理念源于丹麦哥本哈根。

"真人图书馆的使命不仅是让读者获取一些自己好奇的知识，还是为了消除不同群体之间的歧视，增强人们的安全感，这也是我们阅读纸质图书所不太可能获得的最直接的感受。"

看上去，似乎语言的"阅读"比文字的阅读来得轻松、有声色，且更节省时间；不用埋首于冗长的文字符号中，听别人聊聊天，一两个小时就速读完别人的大半生。于是，一股主打轻松式的真人阅读在中国城市里蔓延开来。其实，真人阅读也如同真正的纸质书阅读一样，质量参差不齐，甚至是同一个"被阅读"的分享者，在不同的真人阅读会上，也会因"阅读者"的不同而激发出不同的状态。这个过程，一点都不轻松，甚至在阅读时比读纸质书籍更需要紧张的投入状态。

首先，"被阅读"的分享者当然需要准备好自己的故事，并用语言流利、有趣地表达出来。将自己的经历流水账般描述，还是旨在有重点地分享一些细节？经历这些事情后，自身有什么样的思考和总结？这两个问题都取决于分享者内心想写一本什么样的书。

你是快餐式地速读杂志故事书、某个行业的工具说明书，还是发现一个道理或深刻教训的总结？这些问题需要被阅读者先阅读自身，将平时没有来得及认真梳理、抓住的各种思绪和一闪而过的念头都有条理地编织在一起。

目前，大部分国内的真人阅读，被阅读者也基本上做好了这些准备，只不过大部分只能定位为杂志类故事书、发展进程说明书。或许真正能触及自身深层次思想和思考的内容，用现场的语言难以表达，还需坐在书桌前，一字一句地堆砌、推倒、堆砌、推倒，辗转反复地用无数个长句，才能浇筑出一个心中的想法。

好了，被阅读者这复杂的阅读"前戏"完成后，才开始真

农家书屋、24小时书店等阅读方式，改变的只是收集获取的路径，
但一切最终需运送到大脑，经理解吸收再能转为养分

正的阅读过程。这个过程中，若只有被阅读者在滔滔不绝，那这并不是"阅读"，而是一场演讲。真正的阅读，需要阅读者去发现、去思考这本"真人书"带来的观点，并提出自己的问题，等待真人书去回答。双方的思想碰撞，台上台下的交流互动，共同合力，才能完成这次真人阅读的漫长旅程，一点也不轻松。

高质量的真人阅读，离不开双方思想的碰撞，遗憾的是我所见的真人阅读多是沉默的阅读者。在阅读过程中，他们被语言占领了耳朵，被 PPT 吸引了眼球，唯一没有跟上的是思考。真人阅读的现场即兴，无法如书籍文字一样，能让人反复揣摩被阅读者的心意，必须通过提问来得到答案。这个问题，被阅读者可能心中早有答案，也可能从未想过，因被提问而被迫去思考，并以直觉做出现场回答。在这样的即时回答、讨论中，这本真人书的心中思想才得以打磨出光彩。

高质量的真人阅读一点也不轻松，阅读的效果则仁者见仁、智者见智了。有人或许因被阅读者的某句话或某个行动而点亮自己久思不解的疑问；有人却只如看了一集电视里的人物访谈，几秒后已记不清人物全名。知乎上曾有一个帖子，提醒"真人图书馆"不要变"成功宣讲会""旅行分享"。当社会边缘人、弱势群体作为真人图书时，我们还能用心倾听、善意交流，真人书和读者才会都有各自"入脑"的不同收获。

同样一本真人书，在不同的阅读活动中，主要还是要看"这届读者行不行"。这届读者不行，则有可能是因为偷懒、没认真读书，也有可能是因为从热闹的语言转化为孤独思考的过程，缺乏强大的抽象思维和定力，造成阅读效果的"打折"。

随着科技发展、文化创新，书籍不再是我们获取知识和信息的唯一途径。农家书屋、24小时书店、街角自动借书机、真人阅读、电子书、手机听书，这些阅读方式改变的只是收集获取的路径，但一切最终需运送到大脑，经理解吸收再能转为养分。

叔本华在谈及关于"阅读见人生"时就说："如果只读书不思考，所学就会肤浅而不能生根，最后大部分被遗忘……故而，书中的思想只不过是沙地上留下的足迹而已：我们也许能看到别人走过的路径，但要知道他一路看到了什么，则必须用我们自己的眼睛。"

节日：仪式是文化传承的管道

仪式感就是使某一天与其他日子不同，使某一时刻与其他时刻不同。

——法国童话《小王子》

仪式感，从心理学的角度来说，就是有意改变环境，使其更加符合自己内心表达。仪式对每个人尤为重要。

有人说，中国人不太擅长仪式感。其实，中国自古就有仪式感。费孝通在《乡土中国》一书中就谈到，最早的仪式来自于宗教，后来就演变到祭祀，仪式是传承文化的重要方式。只是因为近年西方洋节的传入，相比之下中国的传统节日要冗长、繁琐得多，因此，年轻人才会更喜欢过那些个性化鲜明、简单易打造的洋节。

在中国，许多传统节日都有一套包含特别含意的仪式，当中许多仪式还需要家族中的人们齐心协力参与才能完成。如广东人清明节常说的一句俗话："太公分猪肉，人人有份。"这些节日仪式其中一项重要功能，是让参与的亲友们互助协助、凝心聚力，文化认同感才不至于成为无源之水、无本之木。

1. 众亲友轮流抬着烧猪去踏青

清明节前后的祭祖活动，广东人称为"拜山"。这是个相当于过年一样重要的节日，整个家族的人都尽量从五湖四海赶回来参与。到了祭祖当日，就会将准备好的茶酒、烧猪、烧鸭等抬上山。祭祀仪式完成后，有些人家会在山上切烧猪，有些则抬回家后才切分。但只要家族里有来拜山，或有份出钱祭祖的人，都能现场吃到或分到一块烧猪。"太公分猪肉，人人有份"这句话就是这么来的。

烧猪有大有小，人少的家族多数选乳猪，一个人就能拎走；人多的家族则会选只大猪，也叫金猪。烧好的大金猪大多有近一米长，重达几十斤。在烧猪耳朵和猪尾巴扎上红纸装饰，两个壮丁吃力抬着去拜山。当然，除了重头戏的烧猪，祭品也离不开香烛衣纸，这些多由孩子、妇女来拿。一群人浩浩荡荡、嘻嘻哈哈，携老扶幼，如同郊游。

对孩子来说，拜山相当于跟着大人去郊外踏青野餐，但对家族的男丁来说，却是一次齐心协力的团体拉力赛。我母亲家族祖先们的坟头以前是分散在各处山头的，每到拜山时，男丁们就得抬着几十斤的烧猪，跋山涉水，轮换着才能完成全部坟头的拜祭。

有一次适逢下雨，还好大家为烧猪准备了雨衣。可是道路泥泞太滑，两个抬着烧猪的男丁在跨过一条小溪时，后面一个滑了脚，烧猪屁股都差点掉进水里。几个男丁赶紧跳进溪水里托起烧猪，连推带拉才保全这全族的"心意"，要不真没脸去见祖先了。

当大伙经历各种艰辛来到坟前，长辈们完成各种祭拜仪式后，才终于等到切烧猪环节。这时候，谁身上有刀，谁就是大家最喜欢的人。一群人围蹲在烧猪边上，各自指着早已看中的那块肉在嚷嚷。有人喜欢吃猪皮，一口下去，旁边的人都能听到咯咯咯的声音，比咬锅巴还响；有人喜欢吃带肉的排骨，咸香的瘦肉从骨头上扯下来，完全没有肥腻的感觉。

在一同经历艰辛之后，又一起吃肉，这种共同的参与感只有经历过的人才能体会。下山回家后，有些讲究的大家族会将烧猪抬到村里的祠堂里，切成均等的份额，用红色塑料袋装好，按"户"分予参与拜山的人。

在这项家族活动中，因为仪式繁杂、参与者众、老中青观念不一，各种摆乌龙、暖心好玩的事儿都会出现。只是如今清明节抬着烧猪满山遍里走的情景在广东已少见。如今墓碑多设在公共墓地，长达多年的独生子女政策也让许多大家族拜山不再如以往般人丁兴旺。有些人少的家族拜山也不再抬大烧猪上山，而用较轻便的脆皮乳猪或烧鹅烧鸭。

"太公分猪肉，人人有份"这句广东人都会讲的话，或许有一天也会因为时代的变迁而被遗忘。如今烧猪随时在餐厅里都能吃得到，但我觉得最美味的吃法，依然是清明时节，在祖先墓地前抢着吃。

春节要一起吃团年饭，这些仪式或隆重，或精简，但核心内容不变

2. 让年轻人在参与中融入创新

在全球化的大背景下，国人的文化焦虑与文化自觉并存。我们一面担心自己跟不上世界的步伐，一面又忧心走得太快，丢失了自己的文化。传统文化不是靠专家学者或某些群体提倡、鼓吹就能复兴。传统文化是一代代的百姓共同流传创造的，也需要一代代百姓去共同创新传承。

中国传统文化的范围很广泛，传统民族节日则是其中最具有仪式感的表现。春节要一起吃团年饭，清明节祭祀祖先，中秋要阖家赏月，重阳要敬老……这些仪式或隆重，或精简，但核心内容不变。过传统节日，有人重视，有人应付，不同的家庭有不同的仪式。

随着国家提倡移风易俗，以及城市化的进程，许多传统节日因现代的工作生活节奏影响，仪式确实在简化。但过节若只注重外在形式，有时甚至只剩下"逛吃"，便丧失了原本的文化内涵，难以在心理上产生认同感。

例如端午节，各地习俗虽不尽相同，核心主题却都是一样，即驱瘟、除恶、消灾、祛病。以屈原故里湖北秭归为例，当地一个端午三次过，五月初五小端午挂菖蒲、艾蒿，饮雄黄酒；五月十五大端午龙舟竞渡；五月二十五末端午送瘟船，亲友团聚。据说，秭归的农民还会自发组织诗社，于端午时吟诗唱和。

过一个节，搞这么多活动，除了不用上班的老人孩子，正常有工作的中青年恐怕难以大部分参加。这个有着两千年历史的传统节日，在2008年前并不是中国的法定节假日，人们即使有想过端午节的心，也不一定有时间。

直至2005年韩国"江陵端午祭"被联合国教科文组织宣布为"人类口头和非物质遗产代表作"后，中国人才炸了锅，端午节在2008年才首次正式成为国家法定假日。2009年9月，联合国教科文组织正式审议并批准中国端午节列入世界非物质文化遗产，端午节成为中国首个入选世界非物质文化遗产的节日。

虽说仪式精简，但有些传统节日也需要给予群众充分参与的时间。没时间参与的中青人只能"登高遥祝"，还得靠老一辈的人操执，这样的传承难以融入新的时代。为此，我们还得感谢韩国，他们申遗的"刺激"才让我们有了抽空过节的假期。

3. 想要仪式感，先有认同感

中国自西周开始，已有"成人礼"。男子满二十岁行冠礼，意味着被族群承认，之后可娶妻；女子满十五岁行笄礼，及笄之后可以嫁人。随着现代社会的发展，现在许多中学会为高三

18岁的学生举办"成人礼"。有的学校甚至很隆重地准备表演节目，鲜花彩旗围绕，让师长、父母一起观礼；有的学校则安排高考誓师、给父母洗脚等环节。这些仪式对这些步入成年的中学生来说，真的有用吗？

前不久，我参加了一所中学的成人礼暨高考誓师大会。仪式前，学生们从教学楼里走出来集中，家长们则从校外进来。许多家长手里抱着鲜花、小礼物及一封家书。仪式只有几项：齐唱校歌，学生回顾成长和学习的历程，展开父母所写的祝福家书，听师兄师姐分享大学生活。仪式很简单，也没有加插感恩教育、孝道文化等别的内容。但许多孩子在展开父母亲手写的家书时，当场落泪。有些感情和话语，难以用语言说出来，写到纸上却倍感动心。为什么这么简单的仪式能打动孩子？

为此，我请教了这所中学的心理老师。她说，高三的学习紧张，长期处于这样的氛围，有些学生便产生懈怠、倦怠感。在高考前100日，以成人礼的形式举行一个仪式，可以给学生一种积极的自我暗示，激发他们对生活的热爱和敬畏。学校也曾做一些小调查，发现在举行完成人礼之后的一段时间，学生学习的积极性明显更高。但这些仪式切记不能为了作秀而作。过于做作的仪式会让人心生反感，不仅不能起到积极、鼓励的作用，还可能让学生产生逆反心理。

家长对孩子的关心更应是长期的"润物细无声"，在细心交流中了解孩子的心理，让他们感受到被爱和认同感。如果平时不太理睬，临考前家长才忽然关心孩子，反而会适得其反。只有发自内心地走近孩子，仪式感才能发挥作用。

随着 00 后陆续成年，许多 90 后已远离故乡去打拼，在背负起自己的人生重担、承担家庭及社会责任后，才真正体会到了家的温暖、亲情的重要。小时候只会"逛吃"的传统节日，如今等待着他们成为挑大梁的主角。去除糟粕后，一些必要的仪式不失为凝聚家族人心，让亲友得以齐心协力的场合。

仪式不能一成不变、沿袭旧例，而是要与时俱进，融入现代生活。传承传统节日更需要传承的是精神文化内涵，而不是外在形式。

书信：浓缩思念的"最温柔的文学"

据统计，1978 年年底的中国，固定电话用户仅 193 万个；2018 年 6 月底，全国移动电话用户达 15.1 亿个，微信月活跃账户 10.58 亿个。改革开放 40 年时间不长，邮递员的主力业务已从送书信报纸，改为送实物快递。民间书信，这种以纸张文字为载体的文化开始步入档案馆，逐渐成为远离人们生活的历史记忆。

在历史的长河中，文化以物质的或非物质的形式留存下来，优秀的纸质书信就是带着时代历史烙印的民间物质文化之一。家书真实、纯粹、清新、自然，其中所蕴含的浓浓亲情，就像一片安静的田园，让人流连忘返。尤其是一些名人的家信，具有重要的历史价值、社会价值和收藏价值，是沉睡在民间的亲情档案。一些档案馆不仅收藏名人家信，还征集民间书信。

十多年前，在一个城市的档案馆里，我看到了征集来的300多封民间书信。这些书信的时间跨度从清初、民末到现代；有用毛笔端正竖写的整纸蝇头小楷，也有用蓝色圆珠笔写就的寥寥数语。这些书信与中华民族自古以来的家书一样，大部分的核心内容仍是报平安。"江水三千里，家书十五行。行行无别语，只道早还乡。"（明代袁凯《京师得家书》）

在这普通的报平安、"早还乡"的家书中，我们看到了平凡人生中不平凡的经历。每封书信背后，都深藏着一个感人的故事；每页信纸里，都书写着一段远方的深情。

1. 抗日烽火中的家书

年过八旬的张老伯向档案馆捐赠了一批民国时父亲张旭明写给家里的信。在那个动荡的时局，许多人为谋生被迫远走他乡。"烽火连三月，家书抵万金。"（唐代杜甫《春望》）张旭明是位清贫的教书先生，为了生活离开故乡，1927年到上海先施公司做文书，1944年客死异乡。

1929—1943年，他只回乡三次，直至最后在上海去世。家中的七个孩子、贤惠的妻子、年迈的母亲都让他牵肠挂肚，与家人的联系就全部寄托在一纸书信上。睹物思人，年过八旬的张老伯看着父亲张旭明写的家书，再次忆起了父亲当年的谆谆教诲。"父亲除了报平安，还为我们讲如何做人、学习和爱国。"印着"上海先施公司"的信笺已泛黄，却真实地带着我们去了解一个身处动荡大上海的人的生存状况。

1937年8月26日，张旭明在一封家书中描述了上海"八一三"抗战爆发后十多日的炮火连天。22日中午，正在先施公司账房工作的张旭明眼见炮弹落在隔壁的东亚酒楼里。"午饭后没过多久，炸弹爆炸时，十字街口的群众还有对面永安公司都感到剧烈震动。先施公司虽没有正面被炸，但附近的商户死伤严重，到处都是'血人'。"一听到响声，账房里的张旭明马上躲到台下，等到声音消失，才看到满地震碎了的玻璃片和遮天蔽日的灰尘。"幸好炸弹落在东亚酒楼旁，骑楼柱挡了挡，如果从窗门而入，公司的损伤则不堪设想……开战后，我每天会到东亚酒楼眺望灾区的战火和上空的飞机，幸好当天没去。"

此后，张旭明收到家乡亲人的来信，得知家乡也被日军轰炸，更是担心得不得了。"强弦均览，今早接强九月二十六日来信，得悉一切，此间战事更趋剧烈，敌虽强暴，飞机大炮，终日不息，隆隆之声，震动全港，然为我军之忠烈抵抗，终无进展，而屡受挫折，现时敌胆已寒，毫无斗志，唯以轰炸残杀为能事，为逢两军肉搏，敌必狼狈不堪。……处兹时世，危急存亡之秋，各须具坚苦之志，家计问题，予固知其窘，但现时不能汇款接济，予心尤以为虑，望你们忍受现时艰苦也。"张旭明还在回信中提醒如何应变。他嘱咐家人，一听到警报或飞机响声，应就地卧倒，不要乱跑。他将在上海学会的应急逃生自救知识传授给妻儿，并画出示意图，教家人如何用沙包搭建防空物体做掩护。

战火纷飞中，父亲还不忘在薄薄的家书中教导儿子要对国家尽责。"现时国家正在非常时期，无论何人均受同等之痛苦与艰困。而对于国家应各尽其责义务而已。"这封家书，不是为了对外发布，也不是为了某些利益而表态。家书的真实在于它是百姓之间最朴实的思想交流。这封家书不仅是普通中国百

这随时随地即时传输、分秒即达的电话、微信，能让我们的思念更浓郁吗

姓被日军铁蹄侵略的真实控诉，更是中华民族面对强权时坚定不移的爱国心。

2. 从飞鸽传书到分秒即达

古代靠"飞鸽传书"或专人送信，现代书信在改革开放前主要通过邮政递送，少则两三天，多则以月计。古人盼回信，那得是望穿秋水。清末以来，随着通信技术的进步，时间逐渐缩短。但在电话普及之前，这是普通人少数可以远距离交流信息的途径之一，因此即使再慢，书信一直在历史长河中占据重要位置。

直至电话普及、微信陆续出现，人与人的交流突破简单文字，有了语音、视频、图片等形式。这随时随地即时传输、分秒即达的电话、微信，能让我们的思念更浓郁吗？

思念的总量是不会变的，只是时间缩短、通信次数增多，每次的交流机会不再如以前般珍贵。每次想说的话也不会再于心中反复斟酌酝酿，将千言万语浓缩成笔下的一行行文字。

民间书信的写作者不是文学家，但每一篇书信都是发自内心最真实的想法。写给家人看的书信，不需要长篇累牍的豪情壮志，也不需要矫揉造作，或搜肠刮肚地堆砌华丽言词。发自内心、平平淡淡的寥寥数语，已将对家人的殷殷思念浸润在信纸中。所以书信不仅仅是人们信息交流的一种方式，更是一种

"最温柔的文学"。

如今这些"最温柔的文学"被现代化的效率所抛弃，旧日的书信如同宝贵的亲情记忆，被岁月的风沙所掩盖。城市里的民间书信征集活动，让许多百姓唤醒了早已忘记的这份"温柔"。看着这些泛黄的纸张，时光通过字迹倒流。

穿过岁月回到当年，爷爷的皱纹、父亲的教诲、母亲的泪水、同学的青涩、爱人的激情，一幕幕场景如同电影，再次勾起观众们那些年的回忆。在城市里打工的单亲母亲阿霞也把自己写给女儿的一封信送到档案馆，希望被征集。

为了赚钱养孩子，阿霞多年前来到大城市里打工，平时只能靠电话与留守家乡的女儿交流。女儿考上了重点初中，打来电话告诉母亲，"虽然没有大山般的父爱，但我们一定要坚强地活着。"这句话拨动了母亲的心弦，"平时就有许多话想对她说，又觉得难以启齿。现在想借这次书信征集活动，把我心里想讲的话全部告诉她。"于是这位母亲放下电话后，再次提起许久未曾书写的笔，写了一封饱含深情的长信给女儿。她希望这篇"最温柔的文学"能鼓励女儿"孜孜不倦地学习，脚踏实地地做人，努力了便无憾"。母亲在写给女儿的信里约定："希望再见你时，是你考上重点高中的时候，让我们相约 2009。"

亲如母女，为何有些话电话里说不出口？不是我们不会说，而是从口语转换成文字的过程，是大脑对各种信息的综合提炼。或许电话里的一句"加油"太轻。母亲要让这份"加油"的心意，穿越千山万水后才送到女儿手上，这其中漫长的邮寄时间与期盼为信纸添加了沉甸甸的爱。

多年过去了，那场档案部门主办的民间书信征集活动，我已记忆模糊，也不知道母亲阿霞与女儿的约定是否实现了。将来微信可能也会消失，人们或许会开发出可即时传递全息影像的工具，随时随地面对面交流。

那时我们与家人之间的沟通联系更无须思前想后，酝酿再三。浓缩的思念会被光速的信息交流手段所勾兑而变淡。文化是人们在生活中的思考，书信是因距离而产生的文学。当距离不再有，书信也终将消失。

从书信到微信，这"最温柔的文学"必将随着人们的生活改变而渐行渐远，成为一种古老的文体。或许在遥远的将来，文字也会因全息技术、传输手段的改变而变得不再重要，甚至是被别的媒介所代替，人类会创造出更能表达、体会内心感受的新型文化。只希望那时的人类还是一副有着血肉温度、记忆感情的躯体，而不是冰冷的机器。

卡通与漫画：成人残酷世界里的温柔庇护所

英语的卡通（Cartoon），翻译成中文，有动画片和漫画两个意思。动画片是美术片的一种，把人或物的表情、动作变化分段造型并处理成连续的图像，放映时可以产生画面活动的艺术效果。漫画，则是具有较强的幽默感和讽刺效果的绘画，一般通过夸张、比拟、象征等手法，以简练的线条构成形象，表现主题。①

2018年8月盛夏快要结束的时候，两位带给许多人欢乐的漫画家先后逝世了。一位是中国著名漫画家、中山籍乡亲方成老先生，享年100岁。另一位是日本经典漫画《樱桃小丸子》的作者樱桃子，享年53岁。这两位漫画家的作品风格迥异，年岁也有着半百的差距，但他们的漫画都有让人看了会心一笑的魅力。

有人觉得卡通、漫画不如文字，那只是随手或稚气的涂鸦。可在这个充满残酷竞争的现实世界中，不仅儿童，还有许多成

---

① 李行健：《现代汉语规范词典》，外语教学与研究出版社、语文出版社，2014年，第319页、第885页。

方老水墨漫画《神仙也有缺残》

.

年人都需要有一处可以安放快乐和幻想的角落。在这个世界里，人心是善良的，结局永远是美好的。卡通和漫画如同玉壶，寄放着许多成年人那颗不愿长大的童心，成为这个残酷世界里一个小小的温柔庇护所。

1.老顽童方成"不认老"

方成老先生享年100岁，可他从来不觉得自己老。这个"老顽童"80多岁时还能骑自行车，而且不认老。据说，方老一次乘坐电梯，问同乘的一位须鬓皆白者："您老几岁啦？"对方回应道："过80啦！你呢？"方老得意道："我呀，没到90呢！"因为这个缘故，十年前一位文化人拜访回乡的方老时，甫一见面，就故意对方老说："上次见您，您还不到90。"

方老回应："是啊，如今年方91。"方老这回应，让在场的人们顿感有趣。生活中，方老本人就是一幅让人意会的生活漫画，童心未泯，充满快乐、睿智与幽默。有人曾直接问方老："是什么总能让自己那么快乐？""知足常乐。"方老不假思索，脱口而出。

方老的这种快乐，不仅体现在作品中，甚至平时也能感染身边人。以方老漫画为原型的一尊彩塑，就陪伴了一座城市特殊教育学校的老师们多年。这尊彩塑原型是方老20世纪80年代创作的漫画《神仙也有缺残》。画中神仙铁拐李左脚赤脚，右脚靠拐杖撑着，身后背着个大葫芦酒壶，白衣、长须飘飘。

后来这座城市的特殊教育学校邀请卡通手模大师、"史努比中国之父"马乐山先生，将方老的漫画塑造成彩塑。马乐山先生比方老小十来岁，也是童心未泯之人，见到了方老还自称"小马"。两个老顽童合作，让"缺残神仙"从漫画作品中走出来，立在校园里。如今，方老驾鹤仙游，这所学校伫留的"缺残神仙"铁拐李彩塑仍在。"缺残也能成仙"这几个大字依然激励着特殊教育学校的孩子乐观坚强地面对多舛的命运。

2. 永远9岁的小丸子

20世纪90年代初期，动画片《樱桃小丸子》开始播出时，我已是一名初中生。这部动画片没有夸张的虚幻背景，也没有意外的事件。每一集都是平凡的日常生活，与父母、同学们的撒娇闲谈、嬉笑打闹，甚至连做作业都像极了一个9岁小学生该有的模样。这动画片却常常让我看得哈哈大笑，如同现在追电视肥皂剧一般。

那个长相一般、成绩一般、家境一般，甚至连情商也一般的9岁小女生——小丸子，和我这种普通女生何其相似。我们都有着小女生的各种少女心、不切实际的幻想，也常常贪吃不爱劳动，做事只有三分热度，偶尔还希望能跟父母撒个娇。我们的父母都是有着各种缺点的普通人，无法给我们奢侈的生活，偶尔也会因工作生活的重压对我们发发脾气，却也会尽自己能力给我们温暖的生活，带我们去个短途旅行。

面对这些，那个9岁的小丸子有抱怨，更多的却是让人捧腹的快乐对待。而每一集，又总会生出对生活看法的金句，如"作业就是最后一天做才有意义嘛""人生就是这样有苦有乐""是自己太天真了，还是世界太过无情"等。

这些来自生活的感悟打动了许多人。多年后，当我也有了一个女儿，我也给她看动画片《樱桃小丸子》，如同分享珍藏多年的宝石手链。我本担心时代不同，女儿会没有兴趣看下去。可她与我唯一不同的是直接在iPad上看，一直看到了第200集。虽然这部动画片成为我们母女两代人在不同的时空中共同追过的剧，我们却从没想过要了解背后的作者。内心中，我早已认定那一定是一个和我一样，心中常驻一个小女生的女性作者。

《樱桃小丸子》就是作者樱桃子本人的真实写照，甚至她的同学、她的家庭都几乎如同剧中一般。我忽然明白了《樱桃小丸子》让无数人喜欢的秘密——写实。把我们所处的真实生活，甚至有些尴尬的生活都原味奉献。这如同熨斗，将心里的种种小褶皱都烫得平平整整，再也没有什么过不去的坎和别扭。

正视自己的内心，直面生活的不公，然后快快乐乐地继续生活下去。用小丸子的话来说："可能就是有一天突然发现，自己虽然还拥有一颗纯真的心，却不足以再用来抵御这个繁杂的世界了吧。"

3. 在祖屋里建一个童话世界

之前提到与方老合作的卡通手模大师马乐山，也早在多年前去了天堂。他生前常穿着吊带裤，乐呵呵的样子如同现实中的史努比。马乐山祖屋是老式的两层小楼庭院，门前有一个小广场，两条村路刚好在这里交汇。站在小广场中间，有种掉进了异次元空间的感觉。小广场中间是马乐山父亲和马应彪的塑像，以及如同真人大小的五颜六色的动漫手模作品。

广场左边还有一幢小楼，外墙贴满马乐山合作过的各种卡通品牌。放眼周边，马乐山祖屋在这片清末民初的低矮黄灰色瓦房中显得格外引人注目。因为小屋顶上躺了一只横贯整个屋脊的巨型卡通史努比塑像。这就是马乐山的现实版童话世界。

马乐山曾说，自己小时候就是一个爱捏泥人的孩子。后来随家人到香港打工，在饼屋打工之余，有空还自己捏泥巴玩。偶然一位客人见到他捏的小泥人好玩，就请他捏个猪仔储钱罐。三天后，客人看到小马捏的储钱罐十分满意，便将他推荐至世界第四大玩具制造厂马克斯玩具厂香港分厂。

从此，小马踏上了真正的卡通玩具模型之路，并立下心愿："建立一个可以让人'造梦'的卡通王国。"1978 年，美国一家玩具公司准备生产史努比造型的肥皂，找到马乐山帮忙修改造型。马乐山只用了半天时间便修改完毕。美国漫画大师查尔斯·舒尔茨（史努比卡通形象的设计者）看后大为赞赏，认为与他笔下的史努比有 95% 的相似。

此后，凡是马乐山做的《花生漫画》①公仔都不用修改，可以直接送去做模生产。马乐山成为舒尔茨指定的唯一制模人。此后，白雪公主、米老鼠、唐老鸭、维尼熊、阿拉丁等卡通明星纷纷找上门来。

马乐山逐渐成为世界级卡通手模大师。全球一半以上的史努比塑料玩具手模出自其手，种类超过 3 万种，他也被称为"史努比中国之父"。

我曾有幸在马乐山生前去其小院里拜访。两层楼的小屋里除了手模工作坊，余下的地方都放满了他所做的各种卡通手模。最多的时候有十多万个公仔模型。下到地面，上到屋梁，走廊

————————
① 《花生漫画》，简称《花生》，是一部长篇连载的美国漫画，作者为查尔斯·舒尔茨。起初于 1950 年 10 月 2 日开始在美国报刊上登载，至 2000 年 2 月 13 日作者病逝时停止更新。史努比为《花生漫画》中角色。

墙角，高柜矮台，床前门后都有。小的比手指头还细，大的有一米多高。有的大如真人，有的小到十几厘米，不仅仅有史努比，还有迪士尼的白雪公主、快餐店的麦当劳叔叔。

小屋的二楼装满了体积较小的公仔摆设。他把四面墙几乎都改造成了柜子，每个柜子如同衣柜一般，一推开就是层层叠叠、摆放得整整齐齐的公仔兵团。有别人委托做的，也有他自己创作的。

马乐山曾别出心裁地创作了一个邓小平的卡通公仔。小平同志笑呵呵地坐在沙发上，跷着二郎腿，脚穿着拖鞋。拖鞋上一只是黑猫图案，另一只是白猫图案。看到这个公仔的人们都会会心一笑，想起那句名言——"不管黑猫白猫，抓到老鼠就是好猫"。

马乐山自己估算过，自己做的动漫手模有四万多件，大部分都收藏在沙涌的这间祖屋里。有人觉得，"史努比之父"是美国人舒尔茨，马乐山只是一个做漫画加工的匠人。但许多研究马乐山作品的艺术家认为，他把一个平面的画像立体塑造出来，本身就是二次创作。马乐山不只是塑造画家画出来的形象，还给史努比设计了许多衣服、动作、表情，为这只小狗注入更活泼、立体的灵魂。比如2009年，马乐山为中山市人民政府创作的具有中山文化内涵的穿中山装的史努比卡通手模。2010

年，马乐山为祖籍地中山市南区创作开飞机的史努比卡通手模。飞机机身上写有"乐士文 1 号"，用以纪念与其同籍的"中国空军之父"杨仙逸。

樱桃小丸子、方成、马乐山，感谢这些曾经庇护我们童心的人。即使离开了，但他们所创造的善良、快乐的世界会留在我们心里，让我们得以鼓起勇气继续在充满竞争的残酷现实中生活。正如小丸子所说："有些事情我不看透，不是我太笨，只是我太善良。"

博物馆：人类文明的自省之地

1977 年，国际博物馆协会为促进全球博物馆事业的健康发展，吸引全社会公众了解、参与和关注博物馆事业，向全世界宣告：1977 年 5 月 18 日为第一个国际博物馆日，并每年为国际博物馆日确定活动主题。每年 5 月 18 日这一天，世界各地博物馆都将举办各种宣传、纪念活动，庆祝自己的节日，让更多的人了解博物馆，更好地发挥博物馆的社会功能。

所有的博物馆人，都在穷尽心思挑选作为人类文明最忠实的代表样品，但他们依然无法追上人类文明的进化速度。显微镜下，人类社会的文明犹如各种生老死去的细胞，一直无穷无尽地变化着。如同人的一生无法跨越同一条河流，博物馆里的展品只能是人类文明的一个瞬间片断。在这里，我们应该看到什么？

1. 不是珍宝阁，而是议题的启迪地

我国的社会文明发展日新月异，但许多人还认为博物馆只是一座"珍宝阁"，这里展出的东西都应是稀有的、优秀的、古老的。可当我们的眼光不再局限于眼前，而是放眼于世界各地后，才发现博物馆里展出的物件原来也可以是看似平凡的实物，可以是声、光、电、味道等任何一种人类可以感受的形式。但唯一不曾缺失的是它们给予人们思想的启迪。

博物馆里展示的有可能是我们熟悉的生活，也有可能是远在天边、素未谋面的异国风情民族艺术。这些都是整个人类共同的文明和财富。参观者不是文明的旁观者，还是这一文明硕果的共同建造者，今后它们还将继续影响每一朵文明之花的呈现效果。如今，博物馆正在社会发展中扮演全新的角色，它不仅是历史往事的讲述者，也是新时代议题的发起人，通过不断创新策展方式，让参观者也成为展览的一部分。

　　博物馆里展示的有可能是我们熟悉的生活，
也有可能是远在天边、素未谋面的异国风情民族艺术

同时，为了让大众认识博物馆的更多功能，每年的国际博物馆日都有不同的主题。2017年的主题是"博物馆与有争议的历史：博物馆讲述难以言说的历史"。该主题关注博物馆的角色，聚焦博物馆如何使社会受益，成为推进人类和平共处的枢纽。同时强调，接受有争议的历史是展望未来的第一步。

这让我突然想起2009年5月12日，四川汶川地震一周年，参观樊建川地震博物馆时看到了一副"范跑跑"的眼镜。

2. 范跑跑的眼镜，时代的视角

樊建川地震博物馆是中国首个实物展示、记录汶川大地震的博物馆。半空中挂着断裂的水泥板，脚下玻璃柜中扔着破损的切割机，两边扭曲变形的门框……一走进地震博物馆的大门，观众犹如走进了2008年"5·12汶川大地震"的真实废墟。

2009年5月12日开馆时，已收集5万多件藏品，来自映秀、北川、青川、什邡、都江堰等各个灾区，记录了近7万逝去的生命。这个灾难无法用言语来形容，于是博物馆展示了大量群众的生活场景。地震时，新郎史伟与新娘易晓燕，手牵着手去了天堂。为他们拍婚纱照的摄影师蒋怀汉得以幸存，而他的化妆师女朋友罗静却永远离去了。黑色的摄影包与褪色的婚纱，静静相伴，躺在展柜里。这静止的时空，让观者瞬间落泪。

此外，还有武警部队第一艘冲到汶川县映秀镇的冲锋舟，空降部队救灾时使用的降落伞，为抢救受灾群众而失事的邱光华直升机组的飞机残骸；有志愿者的标志，记者的采访笔记，也有温家宝总理用过的话筒；有青川孩子在路边举起的感恩牌，"背妻男"吴加芳骑的摩托车，范美忠逃跑时戴的眼镜，"可乐男孩"薛枭的可乐瓶，以及靠吃木炭生存36天的"猪坚强"，它在博馆里有专门的地盘，每天好吃好喝地伺候着。

这5万件从灾难现场搬回来的真实文物，永远停留在了2008年5月12日下午那一刻，是汶川所有百姓最熟悉也是最真实的记忆。有些历史难以言说，可生活中一句朴素的大实话，或者一个简单的物件，有时却能撞击心灵，如针扎般让人感受到灾难的切肤之痛。每个人都有自己保存记忆的方式。樊建川为了建地震博物馆，顶住了停工一个月、变卖房地产项目、加班抢建等一堆压力，终于在地震一周年之际向社会开放。

他说，灾难需要铭记教训，可没人做这件事。国家没有做的事，只能靠个人来做了。"作为民间的一个博物馆人，我们交了一份及格的答卷。这365天，我们一天都没有松懈。这一年的光阴，都凝固、物化为博物馆。"

这样一座记录灾难的博物馆中，有一副特别的眼镜。在地震来临时老师范美忠丢下学生，自己先逃跑了。震后他还在网上发文，称在这种生死抉择的瞬间，只有为了女儿才可能考虑牺牲自我，其他的人哪怕是母亲也不管了。他也因此被群众称为"范跑跑"。樊建川说自己不赞同范美忠的做法，但仍收藏了范美忠的眼镜作为展品。

他解释这基于两个原因：一是因为这个社会允许人说真话，这是社会宽容度的表现；二是这话有争议，就是社会多元化进步的表现。"博物馆需要一种理智、中性的立场，呈现原生态的状态，让观众、读者来评判。我不赞成他的行为，但我尊重他说话的权利。一个博物馆一定要对历史负责，要做说真话的博物馆。"

博物馆的存在，不仅为了展示发生过的人类社会文明或"教化"参观者，它更大的作用，应是促使人类对自身文明的发展展开跨越地域、穿越时空的自省。

3. 人行水墨中，历史可触摸

经过积累酝酿，现今国内一些博物馆的颜值也颇为惊艳。苏州博物馆就是其中的佼佼者，有观众评价"靓到像一幅水墨画"。这是一座全国重点文物保护单位，也是一座集现代化馆舍建筑、古建筑与创新山水园林三位一体的综合性博物馆。在这里行走，感觉自己也融入其中，成为历史的一部分。

苏州博物馆成立于 1960 年，馆址为当年太平天国忠王府，是首批全国重点文物保护单位。1999 年苏州市委、市政府邀请华裔建筑师贝聿铭设计苏州博物馆新馆。2006 年 10 月 6 日，新馆建成并正式对外开放。新馆占地面积约 10700 平方米，建筑面积 19000 余平方米，加上修葺的太平天国忠王府，总建筑面积达 26500 平方米。这么大面积的博物馆，却分散在若干间小房间里，每一间都是保持着古典风格的庭院。

博物馆的门口正对着一排杨桃树，远处是水岸边的一排排杨柳。那种小溪流水、杨柳依依的感觉让人觉得，这不是一座博物馆，而是灵动的水墨画。走在这样的博物馆里，再看着同期的历史文化艺术展品，参观者的心如同滴到宣纸上的水滴，瞬间渲染融化。可这样的惊艳还不够，还有惊喜。

在许多不起眼的小角落里，还散落着与博物馆展品相配套的一些工艺美术纪念品。为了配合展品，博物馆的 DIY 策划还有很多。如在"玉叶金枝——明代江西藩王墓出土文物精品展"期间，博物馆就推出了"玉叶金枝——仿明玉簪花 DIY 活动"。观众在参观之余，还可以自己动手，制作一件专属于自己的仿明玉簪花发饰。这座博物馆不只是展示物品，本身也是一个传播美、让市民参与创造美的地方。

4. 数字化助博物馆从"藏"到"传"

这两年电视节目对传统文化的推广形式大胆创新，不再是请名师专家坐而论道，而是将一众多博物馆的馆长和馆藏推到了镜头前讲故事、卖萌。《国家宝藏》《国宝会说话》《博物馆奇妙夜》等一系列综艺节目，让人眼前一亮。在明星的演绎下，国宝前世今生的故事比电视剧更吸引人。在多媒体技术特效下，静态的文物不仅会动、会说话，还有各种透视结构图，可分解制作过程。

在镜头前，这些高高在上的国宝，如同可被观众捧在手心里抚摸的物件、身边的老朋友般亲切熟悉。这不仅仅是因为电视媒体的策划包装能力强，更显示出博物馆对自身的公共角色定位也在转变。一些我们熟悉的世界著名博物馆早已从"藏"变为"传"。

纽约大都会博物馆、华盛顿美国国家美术馆、阿姆斯特丹国家博物馆、古根海姆美术馆等多家机构改变其资源获取政策，按照"知识共享许可协议"（Creative Commons）将收藏的部分藏品的高清图像和书籍资源免费向公众开放版权，任何人都可以免费下载，并不受限制地使用和分享。公众不需要亲身到博物馆，就能看到虚拟的馆藏，或将它们用于某些领域的研究。

这些曾经散落于历史和民间生活的物品，不再被博物馆所独占，甚至有可能以虚拟或高仿的形态，重新装饰现代人的生活。博物馆的参观者、藏品的研究者、虚拟或高仿藏品的使用者，都不再是旁观者，而是传播者。博物馆也不再只是历史的讲述者、陈列的珍宝阁，而真正成为人类文明的自省之地和各种新文化思想的起源地。

写作：我思故我在，我笔写我心

亚瑟·叔本华（1788—1860），德国著名哲学家，第一个公开反对理性主义哲学的哲学家，并开创了非理性主义哲学的先河，也是唯意志论的创始人和主要代表之一，认为生命意志是主宰世界运作的力量。

叔本华在其《孤独通行证》中曾提及"那些被称为作者的人"，他认为有两种作者存在：一种是有感而发，另一种是为了写作而写作。前者写作是因为觉得自己有一些值得分享的思想或经验；后者只是想赚钱，因此他们写作只是为了钱。他对后者有以下评价：

　　为了稿酬和版权而写作，本质上就是文学的堕落。除非一个人是纯粹因为有东西要写才动笔，否则他的作品将不值一读。……好像金钱被下了诅咒——任何一位作者，只要他为了谋利而写作，就开始变质了。最伟大人物的最优秀作品，都是在他们不为任何目的而写作的时候诞生的。……许多拙劣的作者是以公众的愚蠢来谋生，因为大众狂热地只阅读最新出版的东西。这里，我指的就是"新闻记者"（Jounalist）。这真是一个最合适不过的称谓！用平实简单的话来说，就是"雇佣工"（Joumeymen）、"计日工"（Day Laborers）。①

　　我认同叔本华将作者分为两类，但他将新闻记者归入纯粹的文学作者，高抬了。新闻从其诞生之时起，更多承担的是一种传递信息的任务。其本质是一种应用型工具，而非主要表达作者内心想法的创作文学。

　　曾经，我身边有许多热爱文学的同事，"误入"新闻歧途，成了靠赚稿费而生存的记者。他们有着飞扬的文采、可爱的性

① ［德］叔本华：《孤独通行证》，江苏凤凰文艺出版社，2017年，第261页。

新闻从其诞生之时起，更多承担的是一种传递信息的任务

格、独特的关注点，可面对碎片化写作、纯客观记录、以高速传递新信息为宗旨的应用工具型工作，有时是痛苦的。新闻不是文学，不是剧本，不是作者内心想表达什么就写什么。

陆续有同事为了追求心中的文学梦想而辞职，又陆续有新文学青年"误入"新闻行业，我依然是那个靠每日传递信息赚取微薄稿费的记者。有时候，我也会羡慕那些勇于追求文学梦想而离去的旧同事，惭愧自己终日当一个"信息的搬运工"。

虽然如此，新闻采访工作还是让我接触了不少真正的写作者。与他们聊天，能感受到那种"我笔写我心"的自豪。他们就是属于叔本华所指的前一种人，在生活中有所感、心中有所想，最终有感而发的写作者。

1. 一边流泪，一边写着结局

"人世间的感情原本就像山间一条清澈的小溪，它从原始森林中流传，一路奔流，尽管会遇到多少礁石，拐了多少弯，最终一样清澈见底，保持着本质的纯洁。最终将那份纯洁流入江，汇入海。" 文学写作来自生活。女作家妍冰用七年时间写了17万字的长篇小说《原始溪流》，但她说自己写的不是书，而是人生。

某次见到一幅溪流的画，当时她心中咯噔一下，就认定了这溪流如同她想要写的人生。这长长的溪流不是一下喷薄而成的，而是她少女时代辗转的成长印记，已悄悄滴下最初那滴晶莹的水珠。

她出生在南方，成长在黑龙江，当知青插队在东北，在北方、南方各工作十多年，现居南方。辗转南北的阅历和生活，渐渐堆积心底，无声滋润着她的文学创作。工作后，妍冰用业余时间进行文学创作，尝试过几乎所有的文体，除了长篇小说。直至临近退休前几年，回顾半生的经历，她才发现自身经历的真实人生就是一部小说。身边的朋友各自酸甜苦辣的人生，就是一部小型的现代中国发展史。

"男主角的故事原型，就是我当年下乡当知青时听到的被下放的南京一家人的故事。后来我还回去打听了他们的情况，但那不是小说里的结局。"曲曲折折，陆陆续续，大半年后写完主线。只是结局，她还在心中苦苦煎熬着。

善良的她希望小说可以给男女主角一个完美的大团圆结局，但现实提醒她，人世间的命运多折，没有那么多的大团圆。"我自己一边写一边流泪，觉得自己对男女主角过于残忍了。可是小说要贴近真实的话，他们最终还是不能在一起。"

无论是男女主角，还是配角，那些人、那些事大都是她生活中所经历或见过的真实感情。这些人原本就像山间一条条清澈的小溪，从原始森林中流传，一路奔流，遇到无数礁石、拐弯，最终还是要汇入大海。

2.后楼梯间里的阳光少年

"少年苏庭，携陆压传承，穿越仙侠神话世界。炼就斩仙飞刀，成就雷火之体。上震云霄，下慑幽冥。诸天神仙，无敢犯者。"这是一部网络小说的开头。我点开时，这部连载小说已超过453章、100万字，打赏票接近10万。背后的作者"六月观主"阿明，是一个阳光的90后少年，每日白天休息娱乐、晚上用键盘码字，练就了亦幻亦真的文字功底以及日更4000字的功力。

见面当天，我们并排坐在一个小镇图书馆的后楼梯间的台阶上，窗外的阳光打在这个大男孩的脸上，拨开网络作家的迷雾。他是某网站的签约作者，属于被叔本华归为为金钱而写作的作者行列。

让阿明坠入这一行的是读书时代痴迷的网络小说。读高中时他已迷上网络小说，看起小说来是没日没夜。"用手机上网，从早看到晚，吃饭也在看。"《仙葫》《阳神》《诛仙》，书里的文字让他沉浸在虚幻无垠的世界里，感受到想象的魅力。"漫画、电视剧也有许多仙侠，但很多时候没法把作者的描述

真正成为网络小说作家后，这个修仙少年才
真正感受到来自写作的无形压力

完整呈现出来，文字的魅力才是最大的，也是给予想象无限空间的。"

有时看得兴起，他甚至会自己写一些小片段、一个故事开头等，把自己的想象记下来。网络文字与他的大学专业"模具"相去十万八千里，但在兴趣的引领下，他开始自行修炼，携理想穿越仙侠神话世界。

对于沉迷网络小说，家里人并不理解，毕业后他不得不按照家里的意思找了一份与专业相关的工作。但这期间，他依然在看网络小说，同时收集素材、片段写作，希望有一天练就自己的斩仙飞刀。"看小说的时候只是觉得有趣，以娱乐的心态，到自己写的时候，就会对别人写得好的地方反复研究结构、写法。"

在毫无兴趣地工作了一年多后，他终于辞去工作，成为一名与网站正式签约的网络作家。他的朋友圈日常也变成"起床码字，日更过万，成神在即"。而真正成为网络小说作家后，这个修仙少年也才真正感受到来自写作的无形压力。每天晚上12点前必须更新4000字以上，有些作者甚至可以日更过万字。

网络小说也分门别类，有的天马行空，有的贴近现实。阿明专注于类似于古典神话的仙侠类小说，虽然带有神幻色彩，但他也希望有现实基础。修仙类的小说中常有一些用以增强法力的道具、植物。阿明甚至专门研究明代李时珍的《本草纲目》。

"古代人炼丹药，现代人看可能觉得这是迷信，其实当中应该也有植物、化学、物理等科学的成分。"此外，阿明还很认真地反复阅读《封神演义》《西游记》及气功类图书，里面中国人耳熟能详的法术、法宝，他都记在心中。

每晚大约8点，阿明就坐在电脑前开始写作。如果那天状态好，写起来就如行云流水一般顺畅，很快就超过4000字，大约能更新两章。当然也有"卡文"的时候，最迟一次他试过接近23：59才交稿。几年来，他已经写了三部长篇小说，将近500万字。每部小说的前30万字是免费阅读，后面的篇章要付费才能阅读。

从看网络小说到写网络小说，阿明现在只专注于自己的仙侠类小说。电脑、手机这两样东西几乎不离身。一看到或想到好的景物、文字片段或灵感，他都马上用手机或电脑记录下来，作为今后写作的素材。"现在阅读有了一种责任感。希望专注看仙侠类的、看高质量的网络小说，也希望自己能写出更好的文字。"

我问："从网络小说读者到作者，身份的变化会不会让自己觉得累？"阿明说，现在的自己感觉挺幸福的。"真的有幸福感。这是一个自己喜欢又能自由充分发挥想象力的职业。小目标当然是出纸质书，但我们这行最高的目标是作品能改编为电视剧。"

那天下午，我与这个高大、阳光的 90 后男孩闲聊了很久。或许，网络小说作家与传统文学似乎不在同一派别，但不可否认，许多年轻人在这里找到了发挥自己兴趣与想象的斩仙飞刀。一如阿明所写："我有一刀，诸天万界，神仙妖魔，无有不惧者！"

被叔本华划分为两类的"那些被称为作者的人"任何时代都存在，但在现代社会中，出版个人的印刷书籍已是大多数写作者可期的目标。又或者，如阿明一样只需在网络上有粉丝点击即可。

现代社会的技术进步，给了普通人更多表达个人思想的机会与途径，无论是否为了金钱而写作，所有写作者心中渴望的那把神刀，应是可随心所欲地"我笔写我心"。

打工文学：流水线上的兵马俑

打工文学是指反映"打工者"这一社会群体生活的文学作品，包括小说、诗歌、报告文学、散文、剧作等各类文学体裁。从广义上讲，打工文学既包括打工者自己的文学创作，也包括文人作家创作的以打工生活为题材的作品。

若将其内涵及外延作进一步拓展，它便不仅仅停留在南方，而由南方扩展到全国乃至走向海外。但如果要对打工文学作一个稍微严格的界定，那么，所谓打工文学主要是指由工厂打工者自己创作的以打工生活为题材的文学作品，其创作范围主要在中国沿海开放城市。

在我的办公桌上，一直放着一块拍电影用的场记板。漆黑底色的板子上，手写的白色字体呈现着《我的诗篇》、导演吴跃飞及场次等信息。上缘附有一段拍板，一端可以开合，能够拍出清脆的响声。几次搬工位，我"断舍离"了许多杂物，这块场记板却一直留着。每每低头码字到崩溃时，就会抬头看看这块板，想起曾在那流水线上的许立志、矿洞中的陈年喜、车衣间里的邬霞……暗暗告诫自己：生活再苦难，也不要活成"流水线上的兵马俑"。

"流水线上的兵马俑"这句话，来自 2015 年百城众筹纪录片《我的诗篇》，如同一记重击，从头直截心底，让沉睡在安逸中的我痛至惊醒。

2015 年 12 月 19 日，在电影院里最小的放映厅中，散场的灯光亮起，没有掌声，也没有喧哗，所有现场观众都在座位上没有站起来。有人在沉思、有人在抹泪。现场观众中有公益人、媒体记者，也有带着孩子的父母、退休老人。这是难以理解的文艺片吗？"都是大白话。我家以前对面就是矿井，那些工人就和诗里写的一样真实，每次下矿都不知能不能回来。"一位老阿姨说，没想到这电影这样直接地钻人心窝。那次纪录片《我的诗篇》的播放，我也身处其中，看完后胸口有如大石重压，一时很难喘过气来。

纪录片的拍摄手法十分写实，每个人、每条街、每家工厂都是真实地存在。一条条飞快的流水线、让人目眩的转动机械，在机械的操控驱赶中，人身上的血肉似乎已不存在。工人置身其中，如同一颗颗冰冷的螺丝、一个个面无表情的雕塑。也曾有人想调头离去，但想起家中病弱的父母、待哺的孩子、每月的房租，只能再次抢起疲惫的手臂，挥舞锄头，将青春埋葬于车间。

《我的诗篇》是中国首次以众筹方式上映的电影，也是中国第一部借助互联网由大众合力完成的纪录电影。参与众筹放映活动的多是城市里的读书会、文学社团。不少参与者包下观影票送给身边的朋友。可即使是免费送票，前来观看的人也并不多。这种文艺类小众纪录片似乎与生活相去甚远，无法引起大众的兴趣。直至电影开场，观众才知道，这其中所拍的就是父母、儿女、生活和你我。

《远航》

我想在凌晨五点的流水线上睡去，

我想合上双眼，不再熬夜和加班，

此行的终点是大海，我是一条船。

镜头：工厂里飞快不停的流水线上，机械冰冷地伸缩着手臂，附加其上的工人面无表情地跟着机械挥动双手。俯拍的镜头下，工人如同一只只工蚁，麻木地劳碌着。

主角：许立志。

来自广东揭阳市的许立志曾经到中山、广州等地打工，最后来到深圳的富士康当流水线工人。他写下了《流水线上的兵俑》《我咽下一枚铁做的月亮》《车间，我的青春在此搁浅》等一系列诗作，认为车间是"青春的最后一块墓地"。他拒绝了《我的诗篇》导演的拍摄邀请，在 2014 年 10 月 1 日从工厂边的一幢高楼上纵身跳下。纪录片里出镜的是捧着他骨灰的兄弟许鸿志。

《大雪压境狂想曲》

天上的造雪工厂，

机械的流水线天使，

昼夜站在噪音和白炽灯光中，

麻木地制造着美丽的雪花，

超负荷地劳作，致使她们吐起了泡沫。

镜头：拿着发表过的诗歌作品简历，在人才市场里，他被一个又一个的招聘者拒绝了。招聘者或婉转或直接地敲打他，我们只需要操作机械的工人，不需要诗人。

主角：乌鸟鸟。

广东化州的叉车工人乌鸟鸟，凭借荒诞风格的诗歌获得中国一个很有分量的诗歌奖项，不过他却失业了。一边剪断孩子的脐带，一边面临失业窘境，他只能再次来到大城市重新寻找工作。

《炸裂志》

我在五千米深处打发中年，

我把岩层一次次炸裂，

借此把一生重新组合。

我微小的亲人远在商山脚下，

他们有病，身体落满灰尘，

我的中年裁下多少，

他们的晚年就能延长多少。

镜头：陈年喜回家看望卧床不起的父亲，用推子帮父亲剪去满头的白发。

主角：陈年喜。

会吼几句秦腔的陈年喜，来自陕西丹凤县，当了十多年爆破工。母亲患了癌症，但他没有回家服侍尽孝，而是选择待在大山中继续为金矿主爆破，继续挣钱、寄钱回家。

这三首诗，是纪录片里的三位打工诗人所创作。导演在全片选择了六位不同年龄、不同地域、不同工种的打工诗人。他们用生活写就的诗篇，是打工文学的主体基调。改革开放初，大部分打工者从内陆省份的农村来到南部沿海城市。怀念故乡的大自然，在大城市里被歧视，为找工作而彷徨，是"打工文学"的主基调，也一直延续到如今。

纪录片的整体色调近乎灰黑白的影像，将诗歌中的隐喻、暗喻展现得冰冷而凄美，如闷棍般击在心上，疼痛延展至四肢直至全身僵硬，无法动弹。这不是影片，一如它的名字，是一部"诗篇"；一部充满工人呐喊与彷徨的以影像为文字的诗篇。改革开放40年，工业化进程已到中期，这些工人的诗篇正是工业化进程中衍生出来的文化"副产品"。

随着城市化的逐步推进，"经济结构不断优化升级"，"从要素驱动、投资驱动转向创新驱动"，新一代打工者的素质、

新生代的打工者不再如父辈一般，只是埋首机器间求勉强生存

眼界都与第一代打工者有了明显的区别。第一代的打工者才是真正的"农民工"，面临的主要矛盾产生于从低效率、差异化的农业生产转为紧张、高效、标准化的工业生产。

第二代的打工者，有许多是从小就随打工的父母进入城市，早就适应了城市里的秩序化、标准化，而信息化的普及，也使得他们早早接触到产品的国际化、世界的多元化。除了少数大老板，大多数在格子间里不见天日的白领精英其实也已成为新生代打工者。

新生代的打工者不再如父辈一般，只是埋首机器间求勉强生存。新生代打工者的个体意识在觉醒，因此，才会有"不做流水线上的兵马俑"这样的呐喊。

《工业化蓝皮书：中国工业化进程报告（1995-2015）》指出，"十二五"期间，在仍处于深度调整和再平衡的世界经济中，中国（工业）经济增长可以说是"一枝独秀"，同时跨区域经济布局加快，科技创新能力进一步提升，绿色转型逐步推进。

种种迹象表明，中国工业经济正走向一个速度趋缓、结构趋优的新常态，并处于动力机制转换的关键时期，这与以"从高速增长转为中高速增长""经济结构不断优化升级""从要素驱动、投资驱动转向创新驱动"为主要特征的中国经济新常态的表现较为一致。

如今中国的"打工文学"也随着"中国制造"的发展进程，迈向"中国智造"，不再是单纯的苦难叙述、离开乡土的踌躇，新生代打工者开始考问生命的意义，追寻民族文化的根源，想象手中制造的工业产品穿越大洋在地球村另一头的景象。他们希望能主宰自己的命运，创造属于个人的产品，生成独一无二的非标准化标签。

流浪地球：多元文化的冲突碰撞

当前，世界多极化、经济全球化、文化多样化、社会信息化深入发展，人类社会充满希望。同时，国际形势的不稳定性、不确定性更加突出，人类面临的全球性挑战更加严峻，需要世界各国齐心协力、共同应对。

应对共同挑战、迈向美好未来，既需要经济科技力量，也需要文化文明力量。亚洲文明对话大会，为促进亚洲及世界各国文明开展平等对话、交流互鉴、相互启迪提供了一个新的平台。

——习近平在亚洲文明对话大会开幕式上的主旨演讲（2019 年 5 月 15 日，北京）

2019 年的春节贺岁档电影《流浪地球》成为一匹黑马，不仅短短一个假期的票房超过了 40 亿元，还引发了全民关于中国科幻电影的大讨论。有人高度赞扬，称这是"中国科幻元年"；也有人在豆瓣上打一星差评，认为与西方大片比这只算"五毛钱特效"。

对一部电影的评价，从叙事风格、节奏、特效，甚至服装都可以生发出许多评论点。对电影并不十分热衷的我，在这些激烈的争论中意外地发现，虽然双方阵营讨论的是电影，但激烈尖锐的看法背后已然是文化焦虑与文化自信的碰撞。这种思想碰撞的火花，对于国家来说，是比 40 亿元票房更重要的收获。

1. 焦虑与自信的碰撞

电影改编自刘慈欣的同名小说《流浪地球》。科学家发现太阳急速衰老膨胀，短时间内包括地球在内的整个太阳系都将被太阳所吞没。为了自救，人类提出一个名为"流浪地球"的大胆计划，即倾全球之力在地球表面建造上万座发动机和转向发动机，推动地球离开太阳系，用 2500 年的时间奔往另外一个栖息之地。

中国航天员刘培强（吴京饰）在儿子刘启四岁那年前往国际空间站，和国际同侪肩负起领航者的重任。转眼刘启（屈楚萧饰）长大成人，他带着妹妹朵朵（赵今麦饰）偷偷跑到地表，偷开外公韩子昂（吴孟达饰）的运输车，结果不仅遭到逮捕，还遭遇了全球发动机停摆的事件。

为了修好发动机，阻止地球坠入木星，全球开始展开饱和式营救，连刘启他们的车也被强征加入。在与时间赛跑的过程中，无数人前仆后继，这当中交织着个人、家庭、集体、人类共同的利益冲突。在刘培强、刘启的坚持下，全球各国救援队合力阻止了地球的毁灭，刘培强也献出了生命。

对影片赞誉的观众认为，这是一种与西方孤胆英雄主义大片不同的叙事模式。拯救地球的英雄不再是一两个欧美英雄，而是由中国人倡导的集体主义。虽然片中的特效不如好莱坞的高科技特效、对遥远星际发展的想象力也是眼前阶段的，但这是中国提供给世界的一种新的叙事方式。认为影片很一般，甚至是烂片的一星观众则认为，"怎么又是毫无创新的集体主义？"

中国人总是那么一本正经的面孔、完美却没个性，会为集体利益而牺牲个人甚至家庭。好莱坞的英雄都是有个性、有缺点的人，遇事总会突破命令约束，以一己之力扭转大局，最后还大团圆结局，甚至抱得美人归。那样的电影才是讲述人性本身。

若抛开电影外壳，这两种观点其实就是中西方文明的"对

电视、电影人的强力推拉可以促进文化自信的生发

话"。前者是心中感到焦虑，觉得强大起来的中国急切需要建立一种文化自信，这才是真正的崛起。后者是早习惯了西方叙事文本，对于这部电影里的中国叙事方式无法接受，觉得需改变，才会被西方主流社会认可。双方这种心态的交织，正是崛起中的中国所面临的文化焦虑。

从"五四运动"开始直至现在，仍有部分人认为传统的中国文化是落后的，需要连根拔除，重新建立以西方文明为体系的一种对话模式。这种文化上的不自信，直至改革开放 40 年，才逐渐得以缓解。

随着中国经济、政治、军事等硬实力的增强，人们一边重拾对传统文化的认同，一边在全球化和现代化进程中感受到传统文化受外来文化挤压而产生的迷惘、焦躁、失望、不自信。"地球村"从表面上拉近了世界各地的距离，但也因此让各民族、各国的人们更容易受到不同的文化冲击。若没有建立起强大的文化自信基础，在受到外来文化冲击时，人们感受的差异会更为强烈，担心本土文化随全球化的发展而被改变，甚至被吞噬。

文化焦虑与文化自信是相伴而生的。"文化焦虑能增强忧患意识、促进反省，但缺乏理性反思的文化焦虑容易导致抱残守缺的民粹主义和狭隘的文化保守主义。克服文化焦虑，促进文化健康发展，需要确立一种理性的文化自觉，这就要把握好两个向度。第一，对自身文化有自知之明。……第二，要有世界眼光。"①

2. 从醉生梦死的娱乐中暂时醒来

《百家讲坛》《见字如面》《中国诗词大会》《朗读者》等爆红的文化类综艺节目，演播的形式各有不同，但都是以中国传统文化为核心的。在"娱乐至死"的理论推论中，影像类节目必须有视觉冲击、丰富多变，才能将观众吸引住。而这些以传统文化为核心，需要知识背景、场景单调、画面静态的综艺节目无疑是难以吸引观众的。可这些节目不仅有收视率，还捧红了一些相貌普通的学术明星，如易中天、于丹、刘心武等。

这些节目能成功，当然首先是想办法迎合电视观众的口味。如舞台布置显高雅，且大量运用虚拟场景减少单调感，一些环节设置成竞赛形式以增加互动与紧张感，请来受欢迎的明星演绎故事。此外，还有背后看不见的原因。

大众对于文化类节目的需求，是一种潜在的需求。当各种新鲜刺激的娱乐节目霸屏时，观众只是被动地接受。当可看性

① 余泽娜：《从文化焦虑到文化自觉》，载《人文岭南》第30期，2013年7月。

强的优质文化类综艺节目出现，也即时戳中了如今中国人心中那潜意识存在的文化焦虑，于是观众也暂时从醉生梦死的娱乐节目中，转看文化类综艺节目，用以缓解心中的焦虑。但这种口味的转换只是暂时的，若观众没有真正从内心醒来，很快就又会回到娱乐片的温柔乡中难以自拔。

电视、电影人的强力推拉可以促进文化自信的生发，但使其成为文化自觉，全面治愈焦虑，需要中国文化体系的全面重塑。只是重新背诵、传播传统文化，将国学挂在口头，那不是如今中国社会应该有的文化体系。文化不是空中楼阁，它是经济基础、政治制度、社会发展至金字塔的上层。在中国的经济实力已然发生巨大变化后，我们需要脱胎于传统文化，适应现代社会的新文明。

3. 中国能否提供另一个文化选择

"任何一个文明的核心就是文化体系，没有一个强大的文化体系，很难说是一个强大的文明。也就是说，中国文明复兴的关键就是中国文化体系的创造。中国能否为这个世界提供另一种文化选择？我们基于中国文化之上如何去创造一个和西方不同的但又可以成为西方之外的另一种文化的文化？"

这是中国政治、社会问题与国际关系专家郑永年在其《中国的文明复兴》一书中讲述的最主要内容。他在书中提到一次在台北参加一个有关中国模式的国际会议。会议上，一位美国教授提出："既然大家都在谈论中国的崛起，但中国崛起的标志是什么？中国能否为这个世界提供另一个文化选择？"

对于美国教授的问题，郑永年将其分解成三个问题："第一，中国需要文化崛起吗？第二，中国需要一个不同于西方的文化吗？第三，中国能够创造一个不同于西方文化的文化吗？"第一个问题，大部分人都同意没有文化的崛起，中国不算真正的崛起。第二个问题，郑永年认为中国社会一直对此看法存在分歧。自"五四运动"以来，就有国人认为要学习西方的文化，灭掉中国的文化，甚至近年，一些人认为中国只有接受西方的价值观才能强大起来，把文化再造或者崛起等同于文化的西方化，或者说把西方的看成普世的，都过于简单。西方近代文化的崛起，本身就吸收了很多非西方的文化。所有文化或者文明，都是人类社会创造和积累起来的，都存在普世性的东西。

这种将西方文化看成普世价值的现象，平时或许并不会自我察觉。回到文章开篇，我们所讨论的影片《流浪地球》，从影评、观众的评价分歧中，这种价值的分化显露无遗。因为电影里没有采用好莱坞所熟用的"孤胆英雄"架构来叙事，更没有提出一些经典的西方普世价值台词，在如今电影界主流话语权为西方文化价值的评价中，此电影叙事不行。

《流浪地球》导演在接受媒体采访时表示，拍摄时只考虑到了中国市场的口味，并没有考虑到全球市场。但西方文化对中国社会的影响已然不浅，所以评价才有两端分化。

这个世界的文化只有中西方文化差异吗？当然不是。这个世界的文化是多元化的，中西方文化差异只是千差万别中的一种。不要说较远的欧洲和非洲了，就连离我们最近的亚洲各国，与中国文化都有着差异与碰撞。中国人甚至都不用走出家门，就能在影视剧中看到这些文化中的巨大差异。以印度为例，同样是发展中国家、农民占了人口大部分、曾是农耕文明的古国，但宝来坞的电影却展现了完全不一样的风采。《摔跤吧！爸爸》《巴霍巴利王：开端》《印度超人》，这些影视剧展现出浓厚的印度风俗外，还有这个国度的人民对种族、对道德、对外敌、对科技的态度都与中国文化有着明显的不同。但这并不妨碍中国观众喜欢这些印度剧，并被剧中的主角们所感动。

文化是人类征服自然、社会及人类自身的活动、过程、成果等多方面内容的总和，其精华部分就是文明。中国国家主席习近平在 2019 年 5 月 15 日的亚洲文明对话大会开幕式上所做的主旨演讲中，对这些文化间的差异与碰撞给出了一个贴切的比喻。

　　"每一种文明都扎根于自己的生存土壤,凝聚着一个国家、一个民族的非凡智慧和精神追求,都有自己存在的价值。人类只有肤色语言之别,文明只有姹紫嫣红之别,但绝无高低优劣之分。"习近平在主题讲话中指出,各种文明本没有冲突,只是要有欣赏所有文明之美的眼睛。

　　"激发人们创新创造活力,最直接的方法莫过于走入不同文明,发现别人的优长,启发自己的思维。"

第三章
生活中的文化：细嚼、慢咽、轻嗅

文化是由人创造的，但人并不是刻意为了文化而创造文化。人类在日常的衣、食、住、行中，因为生存、生活的需要而不断地提炼、总结出各种可以让生活更好的信仰、规则、精神，才形成了文化。因此，生活中的文化是自下而上、无须刻意去创造却一直依附、贯穿在人类行为当中的。

有人在喝茶弹琴中品味人生，有人在舌尖美食中追忆乡愁；有人在穷游途中找回自己，有人在陋室里描摹世界；还有成年人在怀念童年的味道，儿童的纯真童年却在消逝。本章举的例子，都是我们日常生活中随手可拾，却又需要用心品味的。在生活中不断探寻，让日子过得有滋味，常做些"无用"之事，或许这就是文化。

香道茶道琴雅道，我自求我道

　　坐在饭堂里，面前一个铁饭盘，旁边一杯红酒，即使只有片刻，他也要细细品味人生。

——品酒

　　用香筷梳理香灰，意在戒急戒躁。梳理的是灰，平静的是心。当香气漫出，香已做成。

——品香

　　独乐乐不如众乐乐。一起雅集时，大家插花、布置茶席，在这个过程中也有不一样的思考，对文化、对生活的不同理解和交流。

　　阶层、贫富不是最大的分水领，最大的分水领是你自身对文化生活是否向往和追求。聚在一起，不全是为口耳眼腹之欲，只是希望借助这些"闲事儿"，让忙碌的心静下来，再好好重新出发。这就是文化对生活的服务功能。

　　我是一个生活粗糙的人，工作中却常能遇见一些精致的朋友。他们常有些奇思妙想，或文化创意，把自己的生活过成诗一样。"人生照镜须自知，无盐何用妒西施。"（唐代李端《杂诗》）

思前想后，我与朋友们最大的差别还不在于是否认真去过生活，本质的差别在于文化学习不够。这些精致、认真的朋友们，对待生活中喜欢的事物不只关注表面，还研究其背后诸多的文化内涵。

一位喜欢红酒的朋友在大城市里打拼，繁忙的午饭常要在公司饭堂解决。可这位朋友每次总要带上一只高脚酒杯，倒上半杯红酒。坐在饭堂里，面前一个铁饭盘，旁边一杯红酒，即使只有片刻，他也要细细品味人生。这朋友因喜欢红酒而改行做了红酒贸易，后来考了品酒师的资格证，再后来还专门自驾游，带着心爱的红酒去各地考察食物与红酒的搭配。

在他自己放酒的小仓库里，除了酒，还堆满了各种与酒相关的外文书籍，墙上挂着世界葡萄酒产区地图。他品尝的不是一杯穿肠而过的液体，而是将红酒背后的文化渗透进生活这个容器，让它如同单宁一样，慢慢发酵，从而生出柔软而绵长的味道。

1. 像古人一样品味"红袖添香"

若说品葡萄酒是外来文化的生活，那么中国传统文人最为人熟知的莫过于琴、棋、书、画、诗、酒、花。其实，香道也曾是古人文化生活中的一项重要"闲事"。品香，在明代以前也称为香席，与挂画、品茶、插花并称"四般闲事"。茶道、花道、画展如今也算常见，只有"品香"不太为人熟悉。而在日本，香道目前仍会在一些普通家庭流存，作为修身养性的一种方式。香道中最让人向往的莫过于"红袖添香夜读书"了。可惜香道文化衰落后，红袖还很多，香却难以嗅到了。

多年前，我在城里一家香道馆与朋友一起品味了一次沉香。负责"做香"的女孩端来香具，凝神落座。一眨眼，香炭盒、香盒、香匙、香筷、押灰扇、探针、银叶、灰铲、香帚已依次排开在香席上。一个特别的无烟打火机蹿出一抹蓝色火苗，点燃小拇指般的小块木炭。女孩用香筷在香炉里梳理香灰，在香灰里挖出一个小洞，将刚才点燃的木炭埋入洞里。埋炭之后，整理香灰，并用押灰扇在香灰表面压出一朵精致的海棠花。

此时，真正的沉香粉也准备出场。取一片银叶置于炉灰的花心上，添一小勺磨碎的沉香粉置于银叶里，不一会儿，香气欲出，其馨迷人。女孩每一个动作都小心而舒缓，像某种仪式般庄重。学香道时，师傅介绍的每一个动作都有深意，比如用香筷梳理香灰，意在戒急戒躁，梳理的是灰，平静的是心。当香气漫出，香已做成。

女孩示范品香动作，正襟危坐，昂首挺胸，右手紧紧握住香炉，左手虚握成蒙古包状，盖住香炉口大半，再缓缓移至鼻下，深深吸入。一次、两次、三次……闭目凝神，脸向左侧，再将鼻腔内已混浊的余气排出。

2. 香道归来人不识

"品香品茶品闲雅，修身修心修逸境。"这是一家香道馆门口的对联。千年儒释道，万古山水茶。这家香道馆的馆主在城市打拼十多年。自从接触香道，研究其文化根源后，从事金融业的他干脆开了一家香道馆。听说香客们偶尔还会"斗香"，于是我问馆主何时可以斗一下看个究竟。这么没文化的说法，果然被馆主鄙夷。他说，那不叫斗，叫分享共品。"香道文化不是斗的文化。"之前那女孩演示香道的一幕，叫"隔火熏"。在唐代以前就出现在中国，只是那时没有银叶，只能用贝壳盛香。后来这种方式传入日本，在中国却一度消失。如今，这香火再续时，已被注入了些许日本元素。

按照时下的消费水平，去 KTV 房一趟，动辄消费几百上千元；吃一顿饭，也得两三百元；而去品一道茶，不到两百元。但大多数市民在叙旧、聚会时，都会选择去吃饭、K 歌，却很少会去香道馆。因为潜意识里，大多数市民可能认为这是一个很高档的文化活动，价格可能很贵，而且这东西太文艺了，不会品。也有人误打误撞进入香道馆，以为这是茶道馆。每每遇到这样的客人，馆主也不气恼，还会诚意邀请他们坐下来闻香，带他们看陈列在橱窗里的各种沉香，并教他们如何辨别，如同"传道"一般自得其乐。

3.现代白领也享古代精英之乐

焚香抚琴、品茶闻香，这些曾只是古代士大夫精英阶层才享有的文化生活，如今许多城市白领都加入其中，只是独自抚琴或宅家品茶，有时难免生出一丝孤芳自赏的寂寞。于是城市里一些会玩的白领，也仿效士大夫的雅集，将独乐乐升为众乐乐。不会弹琴，也不会品茶的我，就曾在一个冬日午后，受邀参加过一个琴社在古色古香的园林中举行的"洗心"雅集，当了一回"雅人"。

我沐浴暖阳，走过曲折游廊，进入一方古园林里的青砖小庭院。此时席主已在院中摆好茶席，空杯以待。案几上的古琴曲调未成意先有。参加雅集的朋友陆续赶来，一进院中，都在这般闲暇意境中安下心来。开场一曲古琴，音节疏淡、平静，非竖耳不能听真。随着悠然的弦响，人们渐渐放松，琴声愈发真切，连院里的鸟鸣虫叫也丝丝入耳。古琴"静心"一曲终了，泥炉水沸，人们不再言语，将所有的感官都投入品茶当中。

各席主烫杯温壶、马龙入宫、洗茶冲泡……一道道程序下来，直至奉茶时才吐出简单的一句"请用茶"。闻香品茗的茶客，也静待那汤水将身心温润浸透。其中一位茶席师告诉我，他从大学起就读茶学专业，毕业后一直从事茶叶工作，与茶接触已有十几年。但他说，学茶和喝茶不同，从象牙塔里出来后，发现是完全不同的世界，真正品茶是进入茶道后。

有人觉得茶艺只是一种表演，但他觉得，这种仪式感有助于让更多人喜爱上茶。"每个人对茶的喜欢不同，理解也不同。我们要尊重自己和别人的不同。例如今天我泡给大家的熟普，几道茶下来，从浓到淡都有。品茶者也都感受不一。我告诉他们，找到自己喜欢的那杯茶就好。"

阳光下，众人围炉把盏，却没有"相言甚欢"，而是各自用心体验着平日忽略的存在：树丛中的鸟鸣，桂花的香甜，古琴似有似无的弦音。这场阳光下的"洗心"，洗去了蒙在眼前的尘埃，让我们重新感受到生活的灵动。

琴社的小由老师是本场雅集的筹备者，古琴、鲜花、清茶也是他家中的常设之物。他说，琴、茶、花在宋代本是生活的一部分，当下的雅集只是回归过去的生活。"古琴对我最大的影响是把我的心定下来，更好地做事做人。独乐乐不如众乐乐。一起雅集时，大家插花、布置茶席，在这个过程也有不一样的思考。我们筹备的过程，也是对文化、对生活不同理解的交流。"

城市山野，冬日盛夏，总有人能
偷得浮生半日闲，将对文化生活的向往变成现实

4. 道可道非常道，我自求我道

"琴里知闻唯渌水，茶中故旧是蒙山。"（唐代白居易《琴茶》）琴与茶，也是中国古代士大夫生活中必不可少的精神食粮。每天的生活都充满琴、棋、书、画、诗、酒、花，是现代人对古人浪漫、诗意生活的美化想象，也是现代一些人所追求的文化生活。

再美好的想象也要面对残酷的现实。古代生产力相对低下，社会的主体是每日为生存而奔波劳碌的百姓，识字会谱的只是少数。而真正能享受文化熏陶的是极少数的社会精英。反观如今，大多数人依然每日要为生计奔波，但因为现代科技发展，粗重的活儿还是少了许多。城市山野，冬日盛夏，有钱没钱，总有人能偷得浮生半日闲，将对文化生活的向往变成现实。

香道、茶道、琴道，这些"闲事儿"，如今只要你想玩，都能找到玩的渠道和同道中人。阶层、贫富不是最大的分水岭，最大的分水岭是你自身对文化生活是否向往和追求。就像我受邀参加的"洗心雅集"，前来参加的人来自各行各业，他们平日里都有自己的工作。有些是平时已爱好古琴或品茶，有些如我一般，只是一时兴起想来让自己静一下心。在科技发达的现代社会，真要听琴，可以上网在线听；想要喝什么样的茶，也可以上网淘。

聚在一起，不全是为了口耳眼腹之欲，只是希望借助这些"闲事儿"让忙碌的心静下来，再好好重新出发。这就是文化对生活的服务功能。

同一国家，在不同时代有不同的文化，不仅是因为组成的人不尽相同，更重要的是经济实力和社会现状不同。文化来自于社会，也服务于社会。我们今时今日能拥有大量、多元化的文化生活，也是建立在经济发展、科技进步的基础上。

对美好生活的向往是人类得以一直进步的动力，而每个时代对"美好"的定义也在变迁。

百年人生，过眼云烟

我结婚时想买双鞋，请堂哥代买。他竟然买回来一对黑漆漆的男人鞋。他说，市场上没别的，只有一款男人鞋。

那时不会贪嘴，买这些不能当饭吃的东西，给别人看见了会说的。

针对妇女们"短发蓬蓬不着钗，身披毛帕逛通街"这种烫发现象，1935 年 1 月，南京政府发出通电，"禁妇女烫发，以重卫生"。

　　或许经过漫长百年，整个人生在他们眼里都成过眼云烟，没有什么值得特别惊奇的了。但即使是再平凡的人，其生活轨迹也免不了要烙上深刻的时代文化印记。

　　一个物件，超过百年或许就向文物迈进了。可一个人，活着超过百年，却仍然是人。百年人生，看似沧桑，实则离不开普通人的衣食住行、喜怒哀乐。不要以为百岁老人的人生都很厚重，许多人其实一生平淡。

　　我曾与许多位百岁老人聊天，每每问及可记得百年当中最开心或印象最深刻的事。他们总是回答说，没有太特别的。即使有，在他们口中说出来也只是寥寥数语。或许经过漫长百年，整个人生在他们眼里都成过眼云烟，没有什么值得特别惊奇的了。但即使是再平凡的人，其生活轨迹也免不了要烙上深刻的时代文化的印记。

　　梁婆婆住在广东的乡村里，是为数不多的经历过两代清朝皇帝且健在的老人。她出生时还是光绪年间，几年后宣统才即位。对于遥远的皇帝，梁婆婆没有任何印象，但清末民初的世象还在脑海中。

　　这位百岁老人，这辈子没出过远门，大部分时间待在村里，小时候没钱读书，年轻时还曾逃难。开始的时候，梁婆婆评价

或许经过漫长百年，整个人生在他们眼里
都成过眼云烟，没有什么值得特别惊奇的了

自己的人生是无趣的。可聊开了，她的百岁人生就如同一幅民初的画卷，慢慢展现出来。割芒草、摸夜路、赶墟集、晒咸鱼、织麻布、买鸡公榄、女孩不能读书……

讲起年轻时的故事，梁婆婆脸上纵横沟壑的皱纹都舒展开来。那些我只在历史档案上见过的民国生活，一一鲜活了起来。

1.一本通书读百年

梁婆婆枕边堆着如砖头般厚实的一本通书。所谓"通书"，是按类排列的简明百科全书，包含日常生活中的技术、知识。这样的书，内容贯通一切，无所不包，寻常又都用颇为通俗的文字写作，所以称为"通书"。

每到新的一年，梁婆婆都要让人帮忙买一本新的通书。俗语有"一本通书读到老"，指人固执、不变通。只识得几个字的梁婆婆，心情好的时候偶尔翻开通书，读里面的"三字经"给后辈听。一本通书，她读了百年。

　　我：听说你读过两年私塾，这对于一个女孩来说是很难得的事吧。

　　梁：那时没女孩读书的，我也没想过，家里有很多活儿做。是我弟弟要读书，但他胆子小，不敢自己去，要我陪着。读了两年，弟弟不愿意读了，我也就没去了。

我：学了些什么，还记得吗？字都是这两年学的吗？

梁：学什么不记得了，后来我伯母又教我念了一些书。有时晚上睡觉前，她会跟我说，先别睡，我教你念一下书。就拿这本通书，教我读"人之初，性本善"。

我：那你现在还看通书，是想看什么？

梁：是要识多些字，里面还有很多东西看的，日历、掌纹、节气等。我现在放在枕边，也只是翻翻，用来夹一些东西罢了。

2. "织女"穿的也是大襟衫

与一些偏远地区相比，梁婆婆所在的村庄在清末已是富庶之地，一些小手工业也已发展起来。梁婆婆年轻时就曾每日织麻布，一匹匹拿去卖。

我：你织麻布用的是什么机器？

梁：就很简单的一个架子，把线吊在两个棕框上，使经线交错，梭子带着（纬）线穿过去，然后咣一下，压实（纬）。穿过去、穿过来，还不算太累。

我：麻的原料呢？是自己家种的，还是买的？

梁：买的。一条条的，织之前还要浸到浆水里，这样硬一些，容易织。断了的纱线，还要用手搓卷着续上。

　　我：织一匹布大约要多久？

　　梁：我还要舂米、喂猪。天天织也要一个礼拜才能织完一匹。一匹白麻可以做几顶蚊帐了。

　　我：你那时穿的衣服布是自己织的吗？

　　梁：不是，是自己买别的布回来，自己做的。

　　我：能买到的衣饰款式多吗？

　　梁：没什么款式，那时女的穿的都是大襟衫。我结婚的时候想买双鞋，但带着钱不敢独自出门，还请堂哥代买。没想到他竟然买回来一对黑漆漆的男人鞋。他说，市场上没别的，只有一款男人鞋。

　　我：你出嫁时还有没有什么首饰之类的？

　　梁：没什么饰物，就梳个发髻。我们村这里还好，我年轻时见到的水上人家只能用红绳扎辫子，脸呢，就像苦瓜干一样，可能是因为经常在外干活。她们还喜欢穿围裙，上面扣个银元。

　　我：清末民初的女人还裹脚，男人还留辫子吗？

　　梁：印象中，我阿婆是裹小脚的，可我阿爸就已经没辫子了。

3. 买不能当饭吃的东西会被说

由于年纪大，梁婆婆很少再出门。讲起童年与青年时代的生活，梁婆婆心情如郊游般大好。

我：现在已经绝迹的鸡公榄（广东白榄），你见过吗？

梁：村里有人卖的。用纸扎成一只大鸡，套在身上，拉着二胡，一路走，一路叫"鸡公榄，好好味"。

我：要多少钱才能买得到，有些什么味道？

梁：买多买少都行，一毛钱就一小包。我见过，但从没买来吃过。

我：是不是太贵了，家里没钱买？

梁：不是。但那时不会贪嘴，买这些不能当饭吃的东西，给别人看见了会说的。

我：小时候去什么地方玩吗？

梁：小时候没有时间，每天都有很多活儿要干。如果我当时多点时间，多出去走走就好了，多见些世面。

4. 一箱民国教科书和杂志

一次偶然的机会，我在一位 109 岁的肖婆婆家里看到了一箱民国时期的旧书。据说这些书多是肖婆婆的弟弟所读，其中除了民国教科书，还有一些小说、杂志、印章类的闲书。这些书学术研究价值不高，却能让人一窥民国时期的民间生活。

5. 美术教科书已有素描

听说我们想看看旧书，肖婆婆的小儿子老刘和孙子小刘很爽快地把装满旧书的箱子搬到厅堂里。标明"国学自修读本"的《古文观止》《算法指掌大全》《眉孙水彩画》、书信格式工具书，这些都是属教科书类别的旧书。

其余旧书由于封面缺失，或者字体繁复，我甚至都叫不出书名，更不知书中所云何物。同去的朋友中，有一位是美术专业出身。他翻开一本美术教科书时被震惊到了。这是一本讲解素描基础知识的专业书，比起现在的小学美术课本，专业程度高多了。

同去的朋友对古籍较有研究，看出了大多书的来历和内容。如《篆刻度》《选集汉印分》等，这些都是民国时期较为常见的闲杂书。如《选集汉印分》，属于刻章印谱类的书籍。除了篆刻的工具书，这堆旧书里还有篆刻的理论书、作品选。由此看来，篆刻在当地民间还是挺有基础的。当地就有著名的书法家出版过印谱。

6.民国时期的《幸福》杂志包罗吃喝玩乐

除了旧的教科工具书，旧书堆中还有一本大红封面的书，上面极为简洁地写着"幸福"两字。这是一本民国时期的杂志，里面包罗万象，诗歌、小说、艺评、游记、成功者案例、世界珍闻、读者来信，还有许多插页广告。

这本《幸福》杂志总部可能是在上海，所以其中以上海的人、事、物居多。艺评里提到了在上海的广东籍演员崔超明，称其为"北方味十足的广东大汉"；而艺人红花，则是"黑山白水间的姑娘"。

不仅是文章，《幸福》当中的插页广告也有浓郁的民国风情。据说，20世纪30年代初期，烫发在上海、南京、北京、山东等地颇为流行。针对妇女们"短发蓬蓬不着钗，身披毛帕逛通街"这种烫发现象，政府采取了干预的态度。1935年1月，南京政府发出通电，"禁妇女烫发，以重卫生"。可在这本《幸福》杂志里，我却发现了一则关于烫发的广告："新新美发厅特设女宾部，聘请专门技师研究电烫。新到美国电烫发水，优待本刊读者，顾客每位特价二万元。"可见，烫发的禁令并没有维持多久，爱美的女性还是在追求"曲美"。

衣食住行、吃喝玩乐是《幸福》杂志里最常见的广告。如半个版的大克雷斯香烟广告,画了两盒烟,广告词是:烟中极品,提高品质,加粗烟枝。整版的"四姊妹大饭店"广告,称饭店有"蝴蝶茶座、正宗川菜、黑夜咖啡",还有"潘秀娟、卢萍、罗苓、黄莉芳小姐,日夜献唱流行歌曲"。大上海商业发达,除了普通的吃喝玩乐,当然还少不了金融广告——"聚兴诚银行指定外汇银行"。

时间流淌近百年,当年看书的主人已无法跟我们描述民国往事。我们只能从这一箱旧杂书里,窥见那卷百姓百味生活图的一个小角落了。与这些百岁老人聊天,讲陈年旧事,他们有时还得连说带用手比划作解释,因为有些词现今已不存在,我听不懂。

百年来,改变的不仅仅是村庄面貌、社会经济,甚至人们的日常用语也在悄然改变着。每位百岁老人都是一本书,里面写的是这百年的文化变迁。

舌尖:人间烟火盛,世态百味丰

舌尖的变化,是文化边缘效应中最诱人的一缕香气。

扣肉,这一碗看似简单的蒸肥肉里,有着看不见的繁杂与先民漂洋过海的历史。

这些制作时充满油香的油炸食品，被认为是一个家庭生活富足的重要体现。因为只有家肥屋润、富到流油的家庭，才有经济实力耗大量的油去做这类食物。

每一道经典菜式的萌生、成形、固定到传扬，背后都经历了当地特殊地理环境、经济发展程度、文化品位的刀削斧砍、煎熬蒸煮和历史发酵，最后才调和融汇成众人认可的经典。

"边缘效应"是生物学上的一个概念，指在多个系统产生作用的区域，由于某些因素而导致系统中的组成及行为不同于系统内部的现象。在森林和草原的交界，鸟儿的种类更多；在河口处，鱼儿和其他水生动物更为活跃。边缘效应始于竞争开始，却以和谐共生为荣。森林里的树木，不断用树叶竞争边缘空间，用根茎竞争边缘土壤，形成完美的生态系统。

边缘效应，不仅存在于自然生态系统，还存在于人类文明社会。人类文明也是从水陆交界处繁荣昌盛起来。这个词后来被引申到多个领域，衍生出城市的边缘效应、建筑的边缘效应、艺术的边缘效应。各种生态系统碰撞，边际产生交集，从而产生新的生态多样性，实现跨界创新，多元化也使得系统更和谐、稳定。在生活的文化中，这样的边缘效应也常出现，只是人们身处其中而不自知。

这一碗看似简单的扣肉里，有着看不见的繁杂与先民漂洋过海的历史

1. 感应文化边缘效应的舌尖

随着锅盖揭开的一瞬间，蒸腾的水汽带着鱼的鲜香在空中旋转四散。刚刚蒸熟的鱼肉嫩滑如水豆腐，鱼鳍竖起，鱼头张着大嘴似乎还喘着气。清蒸鱼绝对检验粤菜厨师的基本功。这道火候刚刚好的清蒸鱼，就差最后那一撮青葱、一勺滚油的点缀和浇烫了。

厨师麻利地将一把圆润新鲜的青花椒扔到鱼背上，一勺滚油一浇，青花椒特有的醒神辛味钻入鱼的腥鲜味中，迅速交融为馨香复合的味道。近几年来，许多粤菜酒楼在清蒸鱼最后出锅时，改用青花椒而不是青葱。厨师还是本地的厨师，但水煮牛肉、水煮鱼、花椒等川菜和调料已成为粤菜酒楼里的常备菜之一。

没有什么味道是一成不变的。中国人口随着城镇化的进程不断流动，许多大城市的人口过半为外来人口。每一种菜系都在潮涌的时代中，顺应着顾客的口味，贡献出自己的鲜香，同时也吸收着别人的精华，调和跨越到又一新的境界。

南米北面，东酸西辣，这些饮食习惯的不同，是因形成过程中南北地域气候及文化差异而来。每一道经典菜式的萌生、成形、固定到传扬，背后都经历了当地特殊地理环境、经济发展程度、文化品位的刀削斧砍、煎熬蒸煮、历史发酵，最后才调和融汇为众人认可的经典。

粤菜中有一道传统的盆菜，先将来自天南海北的食材根据各自特点处理好，再汇聚至同一大盘中炖煮。在时间与温度的作用下，这些食材自身散发又吸收着其他食材的味道，彼此在交换中糅入新的气息。再次出炉时，还是各自原有的样子，互相之间不抢味，却已从原有的孤独单一，转变为其乐融融的丰富热闹，广东人称之为"和味"。

新时代人口的流动、外卖文化的兴起、厨师的创新与顾客口味的转变，让原本按地域划分的菜系，也如"盆菜"一样融合发展。这不是削弱了地方菜系所承载的文化，恰恰相反，通过不断的杂糅、纳新、借鉴，地方菜系获得了更多让人惊喜的新鲜的"和味"。

2. 腌制百年的"华侨味道"

扣肉，是南方许多城市都有的一道民间传统菜肴，如广西荔浦扣肉、梅州梅菜扣肉、东莞保安围扣肉、中山沙溪扣肉等，东莞保安围扣肉还曾申报列入非物质文化遗产名录。食物申报非遗，吃货绝对支持，可也会有人生疑：这实实在在、天天可以做的食物，是哪门子的遗产、哪门子的文化啊？我也曾心生好奇，去请教过一位大厨，才得知这一碗看似简单的蒸肥肉里，有着看不见的繁杂与先民漂洋过海的历史。

王大厨品尝、比较过广东、广西等地的扣肉制作工艺，最拿手的是中山沙溪扣肉。他说，沙溪扣肉有其独特的文化内涵和制作工艺。同样是夹沙的猪腩肉夹芋头，经过蒸、刺、炸、腌等数道工序，仅腌制香料就达 20 多种。这些香料不仅数量繁多，而且有着历史的沉淀。此菜发源于中山市隆都地区，很早便有乡民走出国门。他们带回海外，尤其是东南亚地区的各种干湿不同的香草、香料。

"早在我阿爷的时代，沙溪扣肉已是一道出名的高档宴会菜，其腌料大约 23 种。当时已有紫苏等海外香料。"王大厨说按产生时代划分，沙溪扣肉应属"前华侨时代"，早于东莞和广西的扣肉。

饮食项目能否成为非遗？一位研究非遗的专家指出，是否申遗，不能简单地看食物本身来判断，还要考查其制作工艺、地域民俗等众多背后蕴含的历史文化因素。"食物只是一个载体，要看它与民间传统、小吃等合在一起，能否反映一个地区的历史和民俗文化。"

3. 从"妈妈的味道"到"机器的味道"

"煎堆碌碌，金银满屋。"传统的广东家庭，每到过年都要炸煎堆、炸油角。小小的糯米粉团在油锅中经碾压、浮沉，渐渐鼓胀成一个薄皮、软身、空心的金黄小皮球，粘在表面的白芝麻如同点缀在金球上的银粉；包着花生、椰丝、砂糖馅的面粉油角，在油锅里渐渐浮起，包边的花纹紧紧锁住胀得半圆的肚子，出锅稍凉，一口咬下去，酥脆的皮能掉一地。还有蛋散、笑口枣等，都曾是广东人过年必不可缺的传统食物。

这些制作时充满油香的油炸食品，被认为是一个家庭生活富足的重要体现。因为只有家肥屋润、富到流油的家庭，才有经济实力耗大量的油去做这类食物。

放到如今，许多城区家庭已不会做这些熬油费火又高热量的油炸食品。只有一些农村家庭，技艺了得、经验丰富的厨娘才在年节里大显身手，而且多是纯手工制作。不会做，又想吃，买就好了。这些以前各家各户在年节里自家灶头纯手工特制的食物，如今早已实现工业化流水线生产，让无论身在何处的你，都能尝到"妈妈的味道"。

味道还是那个味道，配方还是那个配方，只是妈妈们已从灶头中解放出来，告别烈火烹油，迎来鲜花着锦。只是我们吃到的是机器生产的统一标准口味，再也没有了自家灶头随心所欲、随机制作的独特味道。

农历猪年春节来临前，我参观了一家专做这类传统食品的乡村的食品厂。不起眼的沿街门面，几间平房拼合而成，当天正在上班的工人不超过 20 个。若不是那满街飘香的油炸味道，这朴素低调的门面几乎让人看不出这是一家食品工厂。穿着白色工作服、挂着围裙的余老板正与工人一起制作石榴花煎堆。

"这是今年新出的款，直径有 15 厘米。多数出口至香港，许多人不是吃，而是专门用来摆。"余老板举起手中一个大小皮球样的煎堆，金黄的煎堆上还有一朵用面粉做的红色石榴花，如同帽子似的扣在球面顶端。这是用爆谷揉搓成球形的实心九江煎堆。这种煎堆因外形硬挺，可长时间放置而不塌，近年成了一些家庭过年专用于"摆设"的食物。即使口味改变，但中国人对"家肥屋润""富到流油"的美好、富足生活的向往不会改变。感受到市场上的这股潮流，余老板这两年加大了对这款煎堆的生产，不仅做得更大，还用塑料礼盒包装好，便于摆放。

关注顾客口味变化、顺应时代作出改变，这个灵活变通、与时俱进的老人家，今年已经 70 岁，在这小厂房里工作了 40 年。刚开业时的前 20 多年，一直以制作糖冬瓜、糖莲藕、糖马蹄等甜蜜蜜的食品为主。改革开放不仅让加工厂的生意更兴旺，而且让顾客的口味变得日渐挑剔。余老板开始担心主打甜味的糖瓜果难销，于是转型做炸油角，立即受到市场欢迎。家家户户都会做的简单油角还能成畅销货，这个"开门红"让余老板既惊喜又着急——纯手工制作产量上不去。

一直坚持手工制作20多年的他为了效率与商机，只得寻求机器的帮助。随后每隔一两年，他都会与机器厂家研究如何改良技术，想办法提高效率和呈现出更接近传统的味道。

改革开放40年，即使最偏远的乡村，也被道路、厂房、市场拉入了工业轨道，成为城市流水线上的一环。各家灶头上自制的年节食品，如同农业社会有限的自给自足，败给了商业化社会的高效率和多元化。坐在充满油香味的厂房里，看着自动化油锅里沉浮的煎堆、油角，余老板感叹人的口味会改变、机器可改进，但人对家乡的眷念不会改变。

有在英国的乡亲，去年回来探亲时告诉余老板，在英国唐人街上买的油角和煎堆，看到包装上的产地竟然是家乡，当时就激动了。"他说，当时真的很高兴，能在这么远的地方吃到家乡的味道。"对于离开家乡的游子来说，在异国他乡能吃上一个油角、一个煎堆，抚慰的不是腹中的胃肠，而是心中的乡愁。

随着全球人口的不断流动、世界文化的不断发展，中国的饮食文化也在不断创新求变。人间烟火盛，世态百味丰。舌尖的变化，是文化边缘效应中最诱人的一缕香气。

穷游：穷的是"游"不是"心"

旅游就像一场宿醉，无论走得多远，总有一天要回家，宿醉醒来，该面对的还是要面对。

她曾用一年时间穷游 27 国，见识了世界文明的博大精深，愈发看到自己的无知，读书更带劲儿。

请相信，这个世界上真的有人在过着你想要的生活。愿你我带着最轻薄的行李和最丰盛的自己在世间流浪。

旅游常与文化放在一起，政府部门中"文化""旅游"并举也很常见。前文提到过旅游时为什么常去参观文化古迹或单位，这节得倒过来聊一聊，旅游这种人类喜欢的生活方式，本身包含了何种文化。

古代交通工具落后、信息不畅，出门远行可能一去经年。要经历《徐霞客游记》《马可·波罗游记》中那些让人无限向往的美景，可能还有生命危险。现代人旅游就轻松多了，而且还能随时发微信，实时与朋友分享。因此，旅游已成为现代人喜爱的一种休闲方式。

　　近年来兴起一个新的名词——"穷游"，年轻人居多，怀揣很少的钱就独自上路，走到哪算哪。有人觉得这样很酷、有勇气，也有人认为说不定这是"身体换旅游"。无论出于哪种旅游目的，就像余光中在《何以解忧》中所说："旅游就像一场宿醉。无论走得多远，总有一天要回家，宿醉醒来，该面对的还是要面对。"希望踏上旅途的行者在迈脚之前先想好，"我为什么要去旅游？"而不是一路穷得只剩"游"。

1. 穷游 27 国仅花 13 万元

　　我有一位朋友叫闲云，她曾用一年时间穷游 27 国，而且只花了 13 万元。当时也有许多人觉得，她肯定是那种对人生没什么规划，对家庭也没责任的年轻人，只是毫无目的地流浪。直至一天午后，窝在一家小咖啡馆的沙发里，我问起她为什么旅游。她回答说，准备好了去"吃苦"。

　　这个看上去娇滴滴的女生，在国内走过大江南北，爬过雪山。某年暑假，她辞去学校的教学工作，先与朋友结伴去了东南亚的越南、柬埔寨、泰国、马来西亚、印度尼西亚，然后开始做独行的背包客。随后走过了澳大利亚、新西兰、希腊、意大利、梵蒂冈、匈牙利、奥地利、捷克、德国、荷兰、法国、西班牙、乌克兰、格鲁吉亚、阿塞拜疆、亚美尼亚、卡拉巴赫、土耳其、

请相信，这个世界上真的有人在过着你想要的生活

伊朗、约旦、埃及、摩洛哥，共27国。

比起那些背着帐篷走天下的背包客，闲云觉得自己并不算很艰苦，起码不是徒步。她常选择特价航班，如从香港到雅典，只要2000元。先飞10个小时到莫斯科，经停16个小时，深夜在咖啡厅伸伸腿；再飞5个小时到雅典。欧洲的火车票贵，她几乎都是用BlaBlaCar（类似滴滴拼车的软件）。

在城市里，多步行，乘坐公交、地铁，甚少打的。有时甚至扛着大背包走大半个小时。因为胆子小，一个人的时候她很少搭顺风车。住宿则大部分选青年旅舍，有时当沙发客。为了省钱，除了浅尝当地特色美食，更多的时候是在青年旅舍的公共厨房里自己做饭，因此也常随身带着油、盐、姜、蒜等中式调料。这本为省钱的一招，没想却成为她行多国、认识朋友、挣取食宿的利器。她偶尔做义工换食宿，如当小保姆、清洁工、帮厨工等。她试过在一个意大利的家庭里做沙发客，顺便帮忙做些家务。

"那天我给他们一家四口做了一顿饭，青椒炒牛肉、咖喱鸡、手撕包菜、麻婆豆腐等简单的中国家常菜。这一家人很喜欢吃，不喜欢吃米饭的小女儿还为咖喱鸡而专门添了一碗饭。他们把这桌菜发到脸书上，好多朋友都喜欢，说要抢着请我去他们家当沙发客。"自认厨艺一般的闲云，就这样用中国菜赢得了一群外国吃货的心。陆续有坦桑尼亚、荷兰的朋友向她发出邀请，希望用沙发来换她的中国菜。

在伊朗的时候，闲云以沙发客的身份，为多户家庭做过饭。最后主人们都恨不得把她留下来，还强烈建议她开个中餐馆。在埃及达哈卜，竟然还有朋友推荐她去一家亚洲风味小餐馆，当主厨的中国菜指导老师。用闲云自己的话说："以前打死都料不到，我竟然能靠着一手厨艺在海外叱咤风云。"

闲云一路行走结识同路人，一路通过脸书、微信等社交网络工具结识各国好友。这些平台上结识的好友也成为她出行前获取当地旅行信息、参观攻略、寻找短时工作的重要途径。即使发展比较晚的中国背包客，也有不少自己的团体，如中东群、非洲群。"在这些群里，你想要去哪玩，需要办什么手续，有什么注意事项，一问，就有许多去过的人或正在旅行的人回复你。"

2. 带着轻薄行李和丰盛的自我

"请相信，这个世界上真的有人在过着你想要的生活。愿你我带着最轻薄的行李和最丰盛的自己在世间流浪。忽晴忽雨的江湖，祝你以梦为马，随处可栖。"从辞职那个月起，闲云就开了一个微信公众号来记录自己的行程。这是闲云漂泊的第一条微信，也是闲云的宣言。在巴厘岛学冲浪，在悉尼看跨年烟火，在大堡礁浮潜，在皇后镇蹦极，在维也纳金色大厅听交响乐，在荷兰骑单车，在埃菲尔铁塔顶看夜巴黎，在巴塞罗那寻找高迪，爬上沉船湾的那艘破船，在土耳其坐滑翔伞，在热气球上看日出……闲云用微信记录她的足迹，虽然离开讲坛，但曾为语文老师的文字功夫还在。

《梦幻北非摩洛哥》《步步为坑，这是一千零一夜里的哪座城？》《hammam~~~ 想不想进穆斯林公共澡堂一探究竟？女澡堂哦》《撒哈拉，谁的前世今生》……点开这些文章，每一篇里除了有当地美景，还有闲云对文化的思考。《带本书逛吴哥窟》里，闲云站在"高棉的微笑"（柬埔寨吴哥城巴戎寺内49座巨大的四面佛雕像）前，为吴哥的历史文化传承而深思。

　　《真腊风土记》，作为一本中国古籍，却是世界上现存的唯一一本记录真腊吴哥历史文化的书籍，柬埔寨并没有自己的文字记载留下。关于"高棉"的各阶段历史，也主要出现在一些中国古籍中。我不禁替他们深感悲哀！没有文字书籍承载的文化根基，攻城略地又怎样？辉煌盛世能几时？地大物博不是我们的骄傲，文化的源远流长才是……

穷游穷的是吃住行，对于所到之地，闲云却希望尽力吸收丰富的文化。每到一处之前，她总会先查找相关资料，除了省钱攻略，更多的是当地历史文化的背景知识。

我遇到一个女孩，每个城市的博物馆都去，在旅行中如同海绵一样吸收知识。我每去一个景点或博物馆、历史名城前，必会先看一些相关的书和资料。以前在学校，对西方美术史、西方文学、宗教等了解不多，现在在尽量多读这方面的书。这样到了佛罗伦萨、罗浮宫等地方，才能真正看得懂，才叫真正去过。

回家后的闲云除了陪伴父母，主要时间都用来阅读。她说，走的地方越多，越发现自己的知识不够用。一些去过的地方，再回看相关的书籍，书里的一切都鲜活起来。用她自己的话说："我要把书上那些抽象的概念，逐一变成生活中鲜活的彩色的页面。"

3. 看外国的文化生活，也让别人看到中国

我：路上有出现过危险的情况吗？

闲云：这个世界，真的没有你想象的、听说的那么恐怖。

当然，出门肯定还是有风险，但这是个概率问题。这一年半里，我也去了一些中东、北非国家。最危险的时候，是在伊斯坦布尔，我住的青年旅舍附近的一个街区，一辆警车被恐怖分子袭击了，但市民生活还是一切照旧。还有就是在大街上，被男人蹭过我的手背，故意的那种。

天灾人祸很看运气，闲云确实感激自己的好运气。她很爱惜自己的小命，每去一个国家之前，她会确保这个国家是安全可靠的。如果没有伴，她一般会在天黑之前回到旅舍。穿着上，也会注意不过于暴露。"在保持警惕的同时，热情诚恳待人，你也会收获同样的待遇。我想，微笑面对世界的万种风情，你也会被世界温柔以待吧。"

我：你去看别人的生活与文化，别人怎么看你？

闲云：例如伊朗，我们以前觉得是很神秘的国家，妇女都被许多规矩约束着。可我到了伊朗，发现伊朗人很热情好客，反而他们觉得中国是一个很神秘的国家。所以他们很欢迎背包客去他们家住。我在乌克兰一对作家夫妇家里当沙发客，他们也对中国很好奇，问我中国的计划生育等内容。我只能简要地给他们讲一些故事。

旅行中，闲云能明显感受到中国在世界上的影响力越来越大。在中东，有许多人房里的家居用品都是中国制造的。而他们听到在中国可以用手机支付、有外卖小哥等，也很羡慕中国的便利。他们也把中国背包客作为了解中国的一个窗口。

我：这一年半的旅行有什么收获？

闲云：收获首先是开心。虽然也曾一度为银行卡的数字焦虑过，后来就安慰自己：没关系，就当自己生了一场大病，拿这笔钱治病了，而且还圆了一个大梦。然后就释然了。其次是心态的变化。因为实现了一个梦想，相信下一个梦想也能靠自己的努力和行动力实现。有了更强的行动力，会选择更具挑战性的事情。见识了世界文明的博大精深，愈发看到自己的无知，读书很带劲儿。

闲云说，看到了更多山外山、人外人，更懂得谦卑。想要自由，不想被他律，就要学会自律。看过不同的生活，对自己的生活有了更明晰的方向。

对财富观，她以前是小富即安，没钱就不花。现在她很愿意努力挣钱，只有实现财务自由，才能匹配相应的精神自由。出国前，面对大龄未婚，心里还是很焦急。回来之后，闲云觉

得 33 岁只是一个数字，觉得自己越长越美、越活越乐。一切
随缘就好。

陋室：斯是陋室，惟吾德馨

工作室有时就像是一个理想的栖息地、思想的发酵池、灵
感的催生源。在一个适宜的环境中，能更好地进入艺术创作的
状态中。

有人在工作室内堆满各种杂物，却能浸于其中思考人生；
有人却要工作室窗明几净，才能挥洒出气吞山河般的文字；还
有的工作室处处充满诗意，随处都是移步换景。

一间青山绿水环绕、节目丰富多彩的小书屋，与奢华的大
书店提供的服务完全不一样。它如同哈利波特通往霍格活茨魔
法学院的站台，一下子推开了进入神秘大自然的那扇门。

唐代文学家刘禹锡《陋室铭》中描写的陋室，是古往今来
无数文人雅士心中一直追求的最高境界。就如同每个文化艺术
家，都希望拥有一个可以让自己全身心投入创作的工作室。

山不在高，有仙则名。水不在深，有龙则灵。斯是陋室，
惟吾德馨。苔痕上阶绿，草色入帘青。谈笑有鸿儒，往来

无白丁。可以调素琴，阅金经。无丝竹之乱耳，无案牍之
劳形。南阳诸葛庐，西蜀子云亭，孔子云：何陋之有？

这个工作室不一定要宽大或奢华，但必须能让创作者心无
阻碍地沉浸其中，充分地将灵感演化为形象。有人在工作室内
堆满各种杂物，却能浸于其中思考人生；有人却要工作室窗明
几净，才能挥洒出气吞山河般的文字；还有的工作室处处充满
诗意，随处都是移步换景。甚至只是一张堆满书籍的工作台、
一堵挂满画作的白墙、阳台一角阳光下闪耀的茶杯，都可以"惟
吾德馨"。

1. 屋徒四壁方显磅礴大气

有一位画家朋友，在闹市中将两间民宅改装成工作室。关
上大门，外面的车水马龙瞬间消失得无影无踪，只余静谧。屋
内能拆的墙全都拆掉，几乎一眼望通全屋，只余数根白柱与多
面白墙。深灰地面仅在灰色水泥地上刷了一层透明的清漆，屋
内众多的窗户也都是灰色的。灰、白构成了这个工作室最安静
的底色，只为了给悬挂的画最好的衬托。

主人的一排排油画，名为《意会山川》，在墙上或挂或立。
不同于中式山水画的黑白，又有别于西方油画的多彩写实，这

工作室有时就像是一个理想的栖息地、思想的发酵池、灵感的催生源

一系列油画远看似蒙着雾气的一片灰白色调。灰白雾气之下透着的是磅礴大气的连绵云海、险峻山峰、激流瀑布。大气磅礴的油画作品与这开阔的室内空间相逢，让这看似简陋的工作室有了仙风道骨的灵魂。

主人说，当中有好几幅画是几年前开始创作的，可总觉得意犹未尽，未得通畅之意，只能暂时搁笔。在这个工作室，于开阔空间里重新铺排开来再次凝视，找到了新的灵感，于是再次下笔渲染。"工作室有时就像是一个理想的栖息地、思想的发酵池、灵感的催生源。在一个适宜的环境中，能更好地进入艺术创作的状态中。这个开阔的空间与我的《意会山川》有一种无形的呼应。"

2. 荒野有歌，辨木虫鸟兽

画家的城中"陋室"还算是四面墙完好，另一位朋友的工作室，几乎是四堵墙都快漏风了。当初见她那间作为书店的工作室时，我都忍不住要惊呼，"这是我见过的最漏的陋室了。"

在一般人眼中，书店都开在城市里，而且要选择好位置。而我那位朋友阿娟却把书店开在了山脚一间老房子里，由简陋的农舍改造而来。从大路一直开车到山脚，就是一条进村的弯弯小路，步行几十米进入小村里。说是小村，其实就是一排青砖灰瓦的老旧矮房，背靠青翠欲滴的五桂山山脉。农人未见，鸡鸣犬吠声已入耳。

屋前一片平整的空地，是以前农户用来晒谷的场地。阿娟的荒野鹿鸣书店就在其间，虽与左右农屋几乎无异，但门前红彤彤的对联在蓝天白云下格外醒目。左联：荒野有歌辨木虫鸟兽。右联：碧涧鹿鸣吟雅颂国风。横批：道法自然。阿娟说，几个月前来到这里，一眼就喜欢上小屋与大自然融为一体的感觉，觉得这正是荒野鹿鸣书店最好的租所。梦想总是美好的，现实改造却是艰难的。

这两三个月，她撸起袖子，带着放寒假的孩子，招呼上身边的朋友、志愿者一起帮忙，才刚刚完成屋内的杂物清理、墙壁粉刷及阅览室的布置。目前书店主要在周六日开放，除了看书，还常组织自然教育类的沙龙和户外活动，平日参观则要提前预约。

小屋两扇木门上的黑漆已龟裂，但上面的红底金字——"家庭幸福"依然清晰可辨。推开门就是小小的正厅，正堂除了一张大木桌、两个靠墙木架，主人还未来得及做其他布置。

这是一座传统的岭南民居，正对大门的厅墙上还留着原来的木板、风景壁画、刷成蓝色的屋顶以及柱子。在粉刷过程中，这些原本漂亮的颜色都被保留了下来。

正厅左手边就是藏书室。几个大大小小的书架上密密麻麻、整整齐齐地码着书。阳光从两边的窗子透进来，抚着书页。书架都不高，很方便小朋友取阅。屋里还有些小凳子，也都是朋友们送来的。

这里收藏的大部分是鸟类、植物类书籍。许多都是图文并茂的绘本、图鉴等，很适合刚入门的自然爱好者或孩子阅读。阿娟说，每一个走进我们藏书室的孩子，都会发出"哇"的一声赞叹。"这声惊叹是对我们这些天忙碌的最好的鼓励。"

书架顶部是一幅半米高的相片，两只牛背鹭在绿油油的田间，一只正展开白色的羽毛跃跃欲飞。观鸟、拍鸟、爬山、赏花是荒野鹿鸣书店常组织大小读者进行的户外活动。一到周末或节假日，孩子就在家长和动植物专家的带领下走进荒野，接触大自然。遇到不懂的，大家一起翻查资料。大自然这本书，不仅孩子喜欢，大人也常常迷醉其中。

3. 哈利波特的"魔法站台"

走出阅览室，回到正厅，阿娟带着我往屋里深处继续探索。穿过走廊，厅后的两间房也已清空和粉刷过，还未放置家具。这里将是可容纳二三十人的沙龙活动室。活动室左边侧门连通了后屋的餐厅和厨房。砖砌的烧柴大灶，当初可把吴娟这个城里妹子呛个半死。"第一次用柴火开火做菜,被烟熏得快哭了。折腾了一个多小时才有饭吃。后来有个小朋友发现,灶后面有一块砖,把出风的洞给堵死了。"

说到煮饭,不仅烧柴灶要自己动手,就连捡柴火、种菜等也是阿娟带着孩子自给自足。屋后有一小片荒田,阿娟与朋友们带着小朋友一起开荒。这片没有人耕作的菜地已经成为各种杂草的乐园,它们将人的痕迹遮盖,纺织娘、蚯蚓、蜈蚣等小动物在此生活。大人眼中的荒原,是孩子眼中的乐园。

阿娟说,其实荒野中充满勃勃生机。这些野草之所以被称为杂草,是因为它们抢夺了农作物的营养,不按我们人类的行为准则生存,可见杂草的定义是从人类的角度出发。现实生活中,即使是杂草,种类也越来越少。正在读《杂草的故事》的她觉得人类应该更冷静地看待这些桀骜不驯的植物,去了解它们的本质、生长过程,以及人类讨厌它们的原因。

这个曾风风火火的前媒体记者,如今已养成静心倾听孩子、倾听自然之声的习惯。有时在书屋干活干累了,她就和前来帮忙的小伙伴坐在门口的小板凳上休息,听着门前凤凰树上几只白头鹎的歌唱。"仿佛回到了小时候——我家门前也有一棵大树,妈妈给我们做的秋千就在树下荡啊荡。"如今这座小屋的前后也有许多树木,如杨桃树、木瓜树、凤凰树,不远处还有一所中学教学楼以及琅琅书声。

书屋周围不仅有菜地、山林，还有小河。有次大家一起去小河里玩水，又找到了新的"课题"。"90后的水墨同学发现河里除了罗非鱼，大多是一群群的白条鱼。不知这个白条鱼是否就是浪里白条。不过对原生鱼有研究的他建议开展五桂山野生鱼类保育行动。"在这间真正的"陋室"里看书累了，白天，大人可以坐在门前的晒谷地庭前喝茶聊天，孩子则可下棋、捉虫、抓小鱼；晚上还可以烧柴煮饭、借宿二楼，第二天晨起观鸟、漫步山野。

这样青山绿水环绕、节目丰富多彩的小书店，与奢华的大书店提供的服务完全不一样。它如同哈利波特通往霍格沃茨魔法学院的站台，一下子推开了进入神秘大自然的那扇门。"房子虽然还没有全部改造好，但恰恰给我们融入大自然留下无限空间，能给人发挥想象和创造的空间。这也是我当初一眼就喜欢上这个地方的原因。"阿娟说。

有人说，开书店是一个最美丽，也是最残酷的梦想。这间荒野鹿鸣书店，则是阿娟与众多热爱大自然的家长与孩子们的梦想。

在我写这本书的时候，阿娟的书店因为各种原因被迫搬迁，新址在另一处山脚。我打趣说，又是一间"漏室"吧。阿娟说，新书店一点也不"漏"，现在前来的朋友更多了，是真正惟吾得馨的"陋室"。

"存盘"一座城市的集体记忆

28寸的"永久牌"自行车、卡式收录机、双缸洗衣机、小霸王学习机、港台流行歌曲、砖头式"大哥大"、粮油肉票、百雀灵擦脸油……这些是最快、最能直接勾起参观者记忆的符号，这就是集体记忆。这些百姓在漫长的生活中形成的共同集体记忆，最终将成为一个群体、一座城市、一个国家的文化记忆。

权力的傲慢与偏风，让他们忘记了老百姓是这座城市的建设者，也是公共空间的使用者，不少公共空间已成为市民集体记忆的"客厅"。

"集体记忆"是指一个组织对共同经历事件的一种记忆。这个组织可以是一个公司、一个家庭、一个虚拟组织等各种紧密又或松散的团体。记忆事件可以是分散的、零碎的、口头上的，或者实际发生的活动；可以是快乐的，也可以是让人悲伤的。

2018年是中国改革开放40周年，许多城市都推出了纪念活动，有历史回顾，有图片展览，规模最大的当数深圳的改革

这些最快、最能直接勾起参观者记忆的符号，就是集体记忆

开放40年展览了。不仅有文字、图片，还有声光电、实物、场景还原等，哪些是中国人关于改革开放的共同集体记忆？不是每个人都完整地见证了40年的变化，可每个国人又都真实地参与其中。

从各个城市的展览中，我们发现有些东西，无论在南方还是北方、城市还是农村，都能引起受众的共鸣。28寸的"永久牌"自行车、卡式收录机、双缸洗衣机、小霸王学习机、港台流行歌曲、砖头式大哥大、粮油肉票、百雀灵擦脸油……这些生活中的物品，曾是中国人最熟悉的潮流品，如今大多已成怀旧品，平常商店难觅踪影。但这些却是最快、最能直接勾起参观者记忆的符号，这就是集体记忆。

你以为它们已经模糊，但其实只要仔细回想，它和曾经的人和事，就在岁月的展览馆里闪闪发光。这些百姓们在漫长的生活中形成的共同集体记忆，最终将成为一个群体、一座城市、一个国家的文化记忆。

1. 你可知桥下流淌的"暗涌"

在城市化的进程中，为了城市规划，为了经济发展，为了便于管理，无论农村还是城市，总免不了拆拆建建。有人盼望着拆到自己家，或许能拿到一笔巨额赔偿款；也有人祈祷着千万不要拆到自己家，还能为老屋留下一丝生机。但大多数人关心的也只是自己家的房子，至于那些公共空间里的公共设施，若不是生活必需品，很少有人为之发声。

多年前，中国南方一座小城计划拆掉一座老桥重建。这座新中国成立前就存在的老桥，风雨中一路走来，确实老了，老到无法承载拥堵的车辆，老到不断的修修补补也难以挽救日渐衰老的桥体。它不是谁的家，也不是谁的私产，没有人会因它的拆建而受影响。更宽敞的新桥修好后，或许沿河两岸的商家还会因此得益。但这次，小城的人们舍不得了。

这座老桥连接小城的东西两岸，横跨城里的母亲河。新中国成立前还是浮桥，后来才变成木桥，然后又成了铁桥，直至现今的模样。若较真来说，铁桥至今也不过 30 年左右的光景，算不上文物，但小城的文化部门将铁桥列入了不可移动文物的名录。

对于小城里的年轻人来说，这座老桥是小时候牵着父母、爷爷奶奶的手常走过的桥。对于父辈人来说，这座桥是他们参与小城建设的重要通道，连桥上的零件、栏杆、板梁都是众多小城企业自主生产、组装的。这桥不属于任何人，却是小城的老百姓一手一脚搭建起来的公共的家。

老桥要拆的消息通过微博很快传遍全城，封桥的日子愈发接近。"那时爸爸天天用自行车驮着我从桥上过，现在我自己开小车都很少从那经过了，真怕桥会被压垮。""大伯从香港回来，就是坐船在桥边的码头上岸。奶奶带着我从城区走过桥，到西面的酒楼与大伯喝茶。"本以为这样一座大家都已不再常走的老桥，在年轻人心中可有可无，但在那个微博刚兴起的年代，小城的年轻人在微博下开启了与年龄不相称的"怀旧风潮"。

"不要拆！"在自发的告别行动中，这样的呼声渐起。原本有关部门以为如以往一样，只是一起简单的拆建工程。为了平息市民的质疑声，政府部门不得不请来专家向公众解释拆建的原因，一并探讨是否还有别的挽救方法等。

正如青春必将逝去，老桥因岁月的侵蚀，无法承受车流压力，因而拆旧建新也是可以理解的。但这样一座涉及城市集体记忆的老桥，若不先给予充分的预告和解释，一言不发就拆掉，那拆掉的不是桥，而是人心。如果政府能提早将桥体的鉴定报告、维修造价与新建投资等相关内容公之于众，市民对政府的难处、拆桥的必要性应该还是能理解的。

怀念有怀念的理由，拆建有拆建的无奈，只是在习惯管理一切的政府眼中，所有的公共空间都只是普通物品，对于这座城市的发展方向，政府做出的决定就是百姓的决定。权力的傲慢与偏见，让他们忘记了老百姓是这座城市的建设者，也是公共空间的使用者，不少公共空间已成为市民集体记忆的"客厅"。

这些集体记忆的变迁建设，更需要在政府与百姓心中建一座桥。一座桥，可以让人跨得更远；一座桥，也可以将人与人拉得更近。怀旧表象掩盖不住桥下的"暗涌"，老桥只是一个引子，激起的是市民在城市重大项目中的意见表达的参与权。

在老桥要拆的前一天晚上，凌晨两点半，老桥最后一次开合。漆黑中，我架着相机，远远地眺望，等待桥身拉开的一瞬间。周边寂静无声，人们可能都睡了吧。"呜——"长长的汽笛声过后，横跨河面的桥梁中间的桥板被向东西两边拉开，等待的船只鱼贯而过，最后一次穿过老桥。

黑暗中，我按下快门，咔嚓的闪光灯闪过，与此同时，还有许多相机的闪光灯在远处的桥身周边闪现。原来黑暗中还有人与我一样，在默默记录着这座老桥最后的容颜，为这座城市的集体记忆增添细节。只是黑暗中，我们未能发现彼此的存在。

关于老桥的种种传说，很快就会渐渐消失，被新桥所代替。而新桥在多年后也会与背后正在建的摩天轮一起，成为新一代人的集体记忆。希望新桥能屹立百年，与这座城市永远相伴，不需要被人怀念。

2. 迎来送走 70 后、80 后的"老蚊仔"

城市的集体记忆并不全部是关于公共空间的,有时它是具体而细微的。如幼时常去的小公园、上学经过的一条骑楼街,又或者是那些历史悠久的高龄老榕树。这些都一点一滴汇聚成这座城市居民鲜明的集体记忆。

在小城的老街里有一家小店,两三米宽的铺面,密密麻麻地堆满各种动漫杂志、海报以及动漫玩具,从地面堆至屋顶。小店老板姓卢,从他中年起,人们就已习惯性地把店和他都称为"老蚊仔"(粤语里"老头子"的意思)。小店所在的老街尽头是一所小学,"老蚊仔"是孩子们放学后必经之地。70 后、80 后的孩子,特别是男生,每天都要在"老蚊仔"逛一圈,翻两页书或杂志,看看有没有新进的玩具。

从 1985 年开铺,小店至今已有 30 多年历史。多年来,即使刮风下雨,甚至大年初一,老卢每天都坚持开门经营。他说,自己平时没什么爱好,不逛街,也不打麻将,就在店里守着。老卢的小店最初主要卖零食、贴纸、海报,仅有少量杂志。当时的老街还没变成商业街,许多骑楼里还住着居民,附近还有两三所小学、中学。

小店开张后,生意好得很。每天中午或晚上放学,小店里都挤满学生。当时,小城里的书店不多,卖漫画、海报的更少,老卢的店就成了学生的至爱。《灌篮高手》《圣斗士星矢》等动漫，以及港台明星海报都是热销货。学生还习惯地把小店叫"老蚊仔"。慢慢地，老卢增加了杂志、海报的数量，把杂货铺办成了杂志店。

一茬茬的孩子在长大，"老蚊仔"也一天天在变老。后来街上的小学搬迁，网络普及，手机游戏增多，来"老蚊仔"玩的90后、00后越来越少。为适应这种变化，老卢的店里多了许多"现代化"的杂志，如《汽车导购》《嘉人》《影像视觉》《新锐阅读》等。而挂在店门口的明星海报，也从当年的"四大天王"，换成了现在的韩剧明星。

靠这家小店，老卢夫妻把四个儿女养大。一转眼，老卢已年过七旬，成了名副其实的"老蚊仔"。后来老街变成卖工业产品的商业街，"老蚊仔"夹在其中格格不入。来小店里逛的孩子少了，每逢周六日却有一些当年的小学生、如今的年轻人来逛，翻翻这满屋的动漫杂志，摆弄摆弄玩具模型。这里有着70后、80后的集体记忆。老卢说，小店绝不会关门停业，"只要我还能动，小店就会一直开下去。"

几年之后，我再经过那条老街，"老蚊仔"依然还在，只是老卢已去了天堂开店。社会在发展，生活在变化，时代在前进，城市不可能一成不变，永远保持着同一个样子。

一座城市的集体记忆也恰恰在这变化发展中慢慢形成，并积淀成为一座城市的底蕴。作为市民，我们承续着记忆，也创造着记忆，使这种集体记忆成为这座城市的文化个性。

乡愁：故乡成了熟悉的陌生人

会馆的管理人每天都会敬上一炷清香，看袅袅轻烟散去。"神主牌"上的每一个姓名前都标有隆都、榄镇、长洲等旧时香山的地名。

他们离家多久了？临死前是否曾梦回入里？坟墓还有人拜祭吗？会馆是他们离故乡最近的归宿。

匆匆走入新时代的我们，常常忘记带上"根源的神龛"，续上"精神的族谱"。远离故乡的人需要寻根，他们寻找的是祖辈在这里生活的痕迹。

站在故乡的人也需要寻根。我们寻找的是心中选择在这里生活的理由，而我们也将成为这里历史的一部分。

因工作原因，我遇见过许多从海外回来寻根的华人，也曾到东南亚一带出差，拜访过海外的华人。"乡愁"是海外华人文化的重要内容。我曾天真地以为"乡愁"只属于离开故土的游子，直至近来年纪大了，才发觉与自己共同生长生活在故土的人们也渐渐有了乡愁。离开故土是物理距离上看得见的乡愁。

身处飞速变革时代的中国人，即使身在故乡，却仍有不少人对身边的环境越来越陌生。故乡成了熟悉的陌生人，我们随着时代渐行渐远。

1. 家庙神龛、马姐寿衣是乡愁硬核

央视综艺节目《国家宝藏》第二季第二期演绎了"金漆木雕大神龛"的前世今生。故事发生在 1943 年的粤东潮州，日军侵略的战火已烧至此地，乡人只有逃难或反抗。陈氏兄弟因为家族的金漆木雕大神龛而发生分歧。弟弟是热血男儿，誓死守护故土，反抗侵略的日军；大哥却希望带着弟弟与神龛逃往海外躲避战火。最终弟弟牺牲，大哥悲伤地带着神龛离去。

节目除了演绎陈氏兄弟与神龛的故事，还请来了马来西亚的潮州华侨林玉裳。她出生在海外一个贫困的华人家庭，当地的华侨社团赞助她读完了大学。工作后，她成为华侨社团的积极参与者。为了修复马来西亚潮州华侨社团的韩江家庙，她积极筹款，并回到潮州寻根、寻找老匠人修复家庙神龛。拼死保护家族神龛的陈氏兄弟、修复韩江家庙的林玉裳，他们对祖先、对祖国、对传统文化的敬重，交织在一起就是乡愁文化的硬核

所在。

看着电视机里的马来西来华侨社团，我想起了多年前在马来西亚槟城香山会馆里的一幕。

早在两百多年前，就有中国人移居马来西亚，其中多为广东人或福建人。乡愁，是这些飘零在外的华人抱团互慰的精神纽带。槟城香山会馆所在街道如同一个会馆区，广东东莞、江门、顺德及海南等华人同乡会的会馆都在附近。早年漂洋过海的他们，在这里用乡音慰藉着乡愁。这里如同当年乡村里的宗祠，是这些华侨华人的心灵依归地。

香山会馆是一幢还保留着传统中式建筑风格的楼房。走上窄窄的楼梯，二楼的大厅开阔明亮。三进的金字瓦顶大屋，阳光从几片透明的玻璃砖中射进来，照在供着香火的神龛上。

神龛前一层层、一排排摆放着几十块"神主牌"。会馆的管理人每天都会敬上一炷清香，看袅袅轻烟散去。"神主牌"上的每一个姓名前都标有隆都、榄镇、长洲等旧时香山的地名。他们离家多久了？临死前是否曾梦回故里？坟墓还有人拜祭吗？

会馆里的老先生说，早期交通不便、经济环境不好，许多人出洋后至死也没有回过故乡。对于没有后人收葬的乡亲会员，会馆帮他们打理身后事之余也将"神主牌"供于会馆中。

这当中有许多是"马姐"。马姐，原指扎起马尾长辫、身穿白衣黑裤、主要来自广东一带的女佣人，以顺德人为主。20世纪30年代，顺德丝绸业式微，当地一些本来以缫丝为业的自梳女（广东顺德地区对终生不嫁的女人的称呼）为了维持生计，就到香港、澳门，甚至东南亚等地当女佣。

在20世纪五六十年代的香港，仍有很多马姐。在槟城的马姐，因为没有后人，老了之后也只能靠积蓄度日。一些马姐，在死前将余下的财产都捐给会馆，牌位则供奉在会馆里。逢年过节，会馆的管理人员对她们烧香拜祭。

会馆的老先生从角落里拿出一包衣服，他也不知什么年代谁留下的，一直放在这里好多年了。我们小心翼翼地解开外面包着的黄纸，一股樟脑味散发出来。蓝色大襟衣，黑色宽脚裤，白色麻衬衫，叠得整整齐齐，浆洗得发硬。衣物一件件被摊开，铺在桌面，我们才发现这不是平常的衣服，而是寿衣。某个给自己准备寿衣的马姐，不知何故将衣服永远留在了会馆。会馆，或许是她离故乡最近的归宿。

2. 海外族谱"越洋归宗"

我的一名同事，几年前去欧洲采访时，受当地华侨所托带回了一本极其特殊的族谱。它打破了男性编写的传统，由女性负责主要的修编；开创性地用图表方式列出各代关系，且男女姓名皆有；族谱已非手写，不仅有中文，还有英文。我的同事受托将这本族谱带回，并送至其家族所在乡村"归宗"。这背后是一个华人家族漂泊越南、法国百年的血脉史。

编写这本族谱的郑女士，已60多岁。她的曾祖父和祖父，百年前从广东移居越南。后因战乱，越南这一房散落至英国、法国、澳大利亚等地，族谱已不甚齐全。她多年前曾回广东寻根，并在乡中寻到记载曾祖父姓名的老族谱。

随着年纪渐长，家族海外成员中无适合编写的男丁，于是她决定自己着手为海外这一支续修家谱。经过两年多的努力，族谱的续修、印刷均告完成，她希望能将家谱寄回故乡与原族谱衔接。可能是中途遗失，村中一直没有收到郑女士的家谱。因此，她托记者代为送至村中。

带着这份重要的家族"档案"，同事回国后立即前往那座村庄。村支书仍记得郑女士当年回来寻根的情形。当时郑女士手中保留的是祖辈遗留的旧本，内有数页遗失，从第十代至十六代的资料不甚齐全。对照村中保存的旧族谱，证实郑女士这一支确是同宗。

在郑女士续编的这一支海外族谱中，收录了二十九世的郑氏族人，包括姓名、生卒年、简单的生平记载。当中还记载了郑女士祖父在越南学法文、卖牛肉、开纱厂成为"南定王"，并资助孙中山革命的事迹。族谱里并没有详细记载祖父当年如何与孙中山交往，却记载了祖父自比"范蠡助勾践"的说法。即使去国离乡，祖父与兄弟们仍心系故土，希望能效仿范蠡助孙中山先生光复中华。

　　在续编族谱中，郑女士还加入了郑氏女亲的名字。传统族谱重男轻女，但如今男女已平等，"为了尊重传统，又不想忽视女性对郑氏家族的贡献，于是另外用图表方式将全部男女宗亲平等列出。"族谱序列中还有英文版本。郑氏这一支海外后人，许多人已经不认识汉字，"用英文做一个序表，是让这些孩子记住他们的根在哪里。"

3. 我在故乡寻找故乡

小时候

乡愁是一枚小小的邮票

我在这头

母亲在那头

长大后

乡愁是一张窄窄的船票

我在这头

　　　　　　　新娘在那头

　　　　　　　后来啊

　　　　　　乡愁是一方矮矮的坟墓

　　　　　　　我在外头

　　　　　　　母亲啊在里头

　　　　　　　而现在

　　　　　　乡愁是一湾浅浅的海峡

　　　　　　　我在这头

　　　　　　　大陆在那头

　　　余光中的《乡愁》道出了所有心怀乡愁的人们的心声。中国改革开放 40 年来，社会发生了天翻地覆的变化，众多乡村成为城市的一部分。许多身在故乡不曾远行的人们，也渐渐对身边的环境陌生起来。我的先生从出生到成长都不曾离开广东中山这座城市。他小时生活的城郊小村，如今村名尚在，但村里的老屋、祖坟却已拆迁过半。小村里高楼林立，已分不清是城中村，还是村中城。仅有一间宗祠得以保留，成为这座小村还遗留的重要象征。

　　　某日，女儿学校布置了作业，要求写"我的故乡"。女儿直发愁。她一直生长在这座城市里，对"故乡"并没有太多的感受。先生于是进行启发式教育，帮她回忆此前去过的村中老屋、祠堂，告诉她"故乡"就在那里。可孩子却对这个"故乡"将信将疑，父女俩有了如下对话。

> 女：祖先的坟墓在那里吗？
>
> 父：不在。
>
> 女：我们家户口在那里吗？
>
> 父：不在。
>
> 女：我们家在那还有房子吗？
>
> 父：没有了。
>
> 女：那还能算是我们的故乡吗？

对于孩子最后一个问题，先生哽噎良久方才缓过气来："就算我们什么都没有了，那里还是我们的故乡。"这句话，与其是说给孩子听的，不如说是说给自己听的。本以为我们一直生活、工作在家乡，必是很熟悉家乡。

可到了真让我们来讲家乡的历史，在没翻查史书资料的情况下，许多人或许只能以"据说""听阿爷说"来应付了。再过一代，我的孩子可能也会如海外回来寻根的游子一样，对这片土地已陌生如外人。

这些房子是哪一年建的？这墙上的图案花纹代表着什么？这条街的名字为什么这么奇怪？游人或孩子这些随口而出的问题都能让我们哑言，因为我们对故乡这片土地的了解太少。即使每日都在这座城市里走来走去，但故乡其实已随着时代的脚步渐行渐远。

匆匆走入新时代的我们，常常忘记带上"根源的神龛"，续上"精神的族谱"。远离故乡的人需要寻根，他们寻找的是祖辈在这里生活的痕迹。站在故乡的人也需要寻根，我们寻找的是心中选择在这里生活的理由，而我们也将成为这里历史的一部分。

又骗我去读幼儿园

儿童本应通过感观体验、亲身实践去获得知识和认同文化，最后在心理和生理上长大为成人，但在新媒介技术的传播中，他们和成人一样方便地获得"懒人"信息。

在各种成人设计的游戏当中，儿童也丧失了无目的游戏的自主权，而精致的玩具又变相减少儿童在游戏中的创新发挥。

随着人类创造了文字、书籍、考试、分数这些辅助的衡量标准后，文化教育却在不知不觉中被缩小了范围，被变异、局限成为这些衡量标准本身, 就如 "拜佛" 变成 "拜佛像"。

我不是教育工作者, 这里也不是要与读者聊教育问题, 只是我那颗长不大的儿童心在跳跃, 甚至还在叫嚣着要我回去重读幼儿园。近年有机会认识了一些学前教育工作者, 即幼儿园老师。这些热爱工作而不能自拔的老师们, 经常在朋友圈里晒工作近况。一位男老师有阵子总如装修工一般, 敲敲打打, 搭高低木架子、拉绳索。

本以为他在玩户外拓展, 没想到他说这是在给园里的孩子准备攀爬架。攀爬架一边高一边低, 四五岁的孩子戴着小头盔爬上高处, 在老师帮助下扣上滑索, 嗖溜一下滑到另一边。架子搭完后还有绳索桥、滑绳索等。现在的孩子都金贵, 打不得, 骂不得, 更摔不得。这幼儿园也太大胆了吧。于是一天得空, 我去了这位男老师所在的幼儿园参观, 却发现这园里的孩子玩得比乡村里的孩子还野。

这所幼儿园的操场并不是我们常见的城市里学校的水泥地或塑胶颗粒, 操场很大, 一半是水泥地, 另一半也是水泥地——水和泥的混合地。此外, 还有一片野生的草地。一进操场, 几个踩滚筒的孩子迎面而来。好家伙, 在这玩杂耍呢。这种横在地上的铁皮滚筒, 成人双手都合抱不过来, 孩子站在上面, 离地面近半米高。双脚交替向后踩，滚筒就向前慢慢滚。几个孩子，一人一个滚筒，你追我赶，玩得不亦乐乎。

我看得一额冷汗，"这掉下来怎么办？""不怕，经常玩，都练熟了。刚开始玩的铁筒小一点，熟了就不怕了。"带我进来的老师并不以为然。若玩滚筒有点叫我担心安全，那接下来的一幕就让有洁癖症的我想晕倒。

避开这几片滚筒区域，再穿过一片交通繁忙的小三轮场地，就能看见还有一群孩子蹲在泥水区。孩子穿着塑胶鞋，手里拿着塑料的沙滩铲、小筐小篮，各自在泥水区里埋头又挖又运的。有滑倒的，自己爬起来，继续干，连扑棱一下身上的泥水都省了。

泥水区旁的老师并不干涉泥孩子的工作，让他们随意发挥，只在旁看着。这群泥孩子从头到脚都是泥和水，家长来接的时候怕是认不出来了。"我们都告诉家长了，叫多带一套衣服来换。"若不是周边小区的高楼环绕着，幼儿园的教学楼也很大一幢，我真要以为自己参观的是一家乡村幼儿园。

这真是城市里的幼儿园，还是这幼儿园只是一个特例？老师说，幼儿园玩的是"安吉游戏"，现在全国许多幼儿园都在学习这种游戏模式。听到这名字时，我第一个反应就是，这应该是某个外国教育学者创始的理念吧。虽然对学前教育没有研究，但蒙台梭利、瑞吉欧、华德福这些名字还是听过。

现在学费贵的幼儿园都会告诉家长，这是一家有着先进教育理念的幼儿园，虽然具体理念与学费高昂是否有直接关系仍有待考证。转回神来，再询问幼儿园老师，才知道这个"安吉"是货真价实的"国产"。"安吉教育"是浙江省安吉县教育局基础教育科副科长程学琴，基于安吉县的教育生态，改革探索出的一种以游戏教育为主要形式的学前教育实践。简单点来说，安吉游戏就是让孩子在生活中就地取材，回归自然，自由自主地玩。过程中老师不干涉，也不设什么规则。踩滚筒、挖泥土、砌大型积木，甚至捡石仔、树叶也可以。

这些与以往我们印象中幼儿园老师组织的多规则游戏、采购精致的玩具、反复排练的唱歌跳舞，有着本质的不同。安吉游戏的本质就是让孩子能重获在"自然游戏中的玩性、野趣和童真"。

1. 童年是文艺复兴最具人性的发明

安吉游戏提倡把游戏还给儿童，尊重自主学习的规律与价值。然而无法回避的现实是，成人往往更期待用所谓的"教"，取代儿童内在自发的"学"。人类与动物很大的区别在于人类在不断地自我学习、教育下一代，并一代代传承所创造的各种文化。

教育无疑是人类文化中不可缺少的重要渠道。随着人类创造了文字、书籍、考试、分数这些辅助的衡量标准后，文化教育却在不知不觉中被缩小了范围，被变异、局限成为这些衡量标准本身。就如"拜佛"变成"拜佛像"。愈演愈烈的变异，甚至已波及幼儿，他们从上幼儿园就开始学认字、简单数数。

为了让孩子赢在起跑线上，有些家长还会教孩子写字，甚至许多儿童游戏里都渗透着文化课的知识内容。在电视、手机、iPad 等产品的助攻下，孩子所获得的知识和信息不断增多，获得这些知识和信息的年龄也越来越小，孩子与成人之间的界限越来越模糊。

这个现象，早在20世纪七八十代，媒体文化研究者尼尔·波兹曼就已经察觉。

我们过去习惯于认为儿童游戏并不需要教官、裁判或观众，只要有空间和器材，儿童就可以开始玩了。游戏的目的不为别的，只图快活。然而今天的少年棒球联合会和十二三岁的小选手橄榄球，他们不仅由成人来监督，而且以一切可能的方式来仿效成人运模式。球员们寻求的不是快活，而是名誉。

这是尼尔·波兹曼在其出版的著作《童年的消逝》中所举

在电视、手机、iPad等产品的助攻下，孩子们
所获得的知识和信息不断增多

的一个例子。童年正在消逝，甚至童年的游戏都掺杂了成人世界里的各种规则、名利、目的。

　　他在《童年的消逝》的引言中第一句就直接明了提出："儿童是我们发送给一个我们所看不见的时代的活生生的信息。从生物学的角度来看，任何一种文化忘却自己需要再生繁衍都是不可想象的。但是没有儿童这样一个社会概念，文化却完全可能生存。"

　　这段话，不好理解。若只看这本书，你甚至很难理解童年为何与文化、媒介传播扯上关系。想要看明白尼尔·波兹曼为什么会有这种观点，还得先看他另一本著作《娱乐至死》。《娱乐至死》说的是随着电视等新媒介技术（在当时看来）的出现，人们不用看文字、不用思考，便可直接获得信息。

　　但这些新媒介为了传递的快速、便捷，以及吸引人眼球，只能采取碎片化、简略化且懒人化的传播方式，信息获得者在信息掌握上便存在不牢固、不全面、不准确的弊端，甚至会被带跑偏。到最后，懒于思考的大脑已退化至不会思考。《童年的消逝》就是《娱乐至死》的另一个推论。

　　儿童本应通过感观体验、亲身实践去获得知识和认同文化，最后在心理和生理上长大为成人。但在新媒介技术的传播中，他们和成人一样方便地获得"懒人"信息。

　　在各种成人设计的游戏当中，儿童也丧失了无目的游戏的自主权，而精致的玩具又变相减少儿童在游戏中的创新发挥。这些都导致了儿童和成人界限越来越模糊，即我们所说的儿童越来越"早熟"，小小儿童生理结构还未成熟，心理发育就已接近成年。

　　这就是尼尔·波兹曼推论出来的悲观结论。此书出版后，1994 年再版。12 年后再翻看自己曾经的推论，作者没有修改结论，却在正文前增加了一篇序言，摘录了一些老师、学生读者写给他的信。

　　为了反驳他"童年消逝"的悲观推论，读者用自身所接触到的童年例子来反驳。一个叫约瑟夫的孩子写信告诉他，"童年没有消逝，因为我们看电视，我认为一周五天上学才是荒废童年。我觉得那太过分了。童年非常宝贵，用超过半周的时间去上学，太浪费了。"儿童安迪说："大多数孩子看电视节目，知道那不是真的。"对于孩子的反驳，尼尔·波兹曼肯定觉得很有趣，所以把这些话收录到了再版的序言里。

　　对于自己的推论，他说自己从中得到的教训是"儿童自身是保存童年的一股力量……那是一种道德力量……我忠实于本书的主题——美国文化敌视童年的概念。但是想到儿童并非如此，还是让人感到安慰和振奋的"。

　　是的，尼尔·波兹曼的推论目前还没有实现，或者说被暂时抑制住了。因为不仅是学前教育的工作者，许多老师、家长，甚至整个社会都意识到，我们不应剥夺孩子的童年乐趣。最起码，把游戏时间还给他们。近年来，安吉游戏的理念不仅给国内学前教育带来全新视角、深刻变革，更走向世界，影响世界学前教育的发展，给不同国家、不同种族的儿童带来欢乐。

　　回想一下，你多久没有进行过无目的的玩耍？还记得小时候在幼儿园里玩的滑梯、秋千、跷跷板吗？那种在户外阳光下奔跑、跳跃、嬉笑的童年，离我们太久远了，远到我们甚至忘了童年常做的游戏。如今我们常送给孩子的礼物是什么？昂贵的乐高、精致的芭比娃娃，还是遥控赛车？这些曾是无数中国孩子羡慕到眼红的进口游戏玩具，现在也已进入许多百姓家。

　　可为什么我们总觉得孩子还不开心，玩得不快乐？不是玩具不够好，也不是游戏设计太简单，而是孩子需要无拘无束、能够自由发挥的玩游戏。正如尼尔·波兹曼所说的"儿童自身是保存童年的一股力量"，把游戏还给儿童。

年轻人怀念的不是味道，而是父母的呵护

曾经有一碗云吞面放在你面前几十年，你不懂珍惜，直至那家店要结业，你方才想起要追忆。

洋快餐进入中国之初，不完全是快餐的代表。它所营造的消费文化，让还未有过大见识的中国儿童心生向往，成为快乐的文化符号。

怀旧文化似乎已不再属于老年代，年轻人也动不动就怀旧。怀旧文化似乎已成为生活文化中的常态。连我那才十来岁的小女儿，也不时在朋友圈里晒一下自己的小学照片，来一句"好怀念小学时光啊"。

以前，我们常认为"怀旧文化"是属于老年人的。他们开口必会谈当年工作时如何艰苦、社会发展如何落后。他们怀旧，一是因为中国这些年确实变得太快，二是对未来已没什么太多期盼，所以只能往回看。

可渐渐的，怀旧文化不再只属于老年人，年轻人也动不动就怀旧，怀旧文化似乎已成为生活文化中的常态。连我那才十来岁的小女儿，也不时在朋友圈里晒一下自己的小学照片，来

一句"好怀念小学时光啊"。遇到城中老店结业、关门，更会出现许多年轻人涌去"打卡""告别"的现象。

一开始我并不明白这是为什么，后来亲身经历了两家饭店的"告别仪式"，又跟一些年轻人聊过之后，才慢慢悟出怀旧文化隐藏的根源。

年轻人的怀旧文化只是暂时失意时的小小避风港，不是真的沉迷在旧日时光里走不出来，也不是真的向往旧时那清贫的岁月。他们怀念的不是童年的味道，而是在父母呵护下无忧无虑的快乐。

1. 老店结业前涌来新顾客

第一次被年轻人的怀旧文化惊讶到，是城中一家老餐馆传出要结业的消息。粗瓷砖、白光管、云石台、四方凳，长年飘着粥粉面饭和猪脚姜醋混合的味道，这就是一家典型的广东大排档，你可能每天路过也不会多看几眼。没空调、没情调、没特别装修的这种老式大排档，平日里来的年轻人并不多。来这里吃饭的多是附近的住户，晚上还会有些出租车、三轮车司机来吃夜宵。

开了几十年大排档的老板老了，也累了，于是某天在店面贴出告示，说明天结业。突然的结业，令许多经常"帮衬"（粤语，光顾的意思）的老顾客十分怅然，但他们当中的大多数只能默默接受。可不知何时，这个消息被人发到微博上。当天晚上，马上涌来众多年轻人。八卦的我，因为工作的原因，也与摄影同事一起赶到老店。

店内仅有的十几张桌已坐满人，门外还有人在排队。这晚有人专门来打包一碗云吞面给家中的父母，也有一家老小前来重温旧日时光。闻讯而来的，多是80后、90后。先在门口拍照，排队进店点餐，上菜发微博，再配上几句怀念的话，这几乎成为他们的指定动作。

这一夜，有人在微博上怀念小时候的味道，也有人在微博上讨论如何留住这个城市的历史；这一夜，这家老店似乎一下子属于年轻人，属于微博。凌晨三点，老店的粥粉面销售一空，送走了最后一桌客人，员工拉下了卷闸门，这家经营了近60年的饭店戛然而止。一名刚刚打的赶到的小姐姐，一边向店里张望，一边还打着电话："你们还没找到？就在那条街，再向前走一段。"好吧，看来小姐姐和同伴是新顾客，连地址都还没搞清楚，就赶来"打卡"了。好想问小姐姐一句："你确认，怀念的真是小时候的味道吗？"

此情此景，似乎还得套用周星驰的台词才能表达这种遗憾："曾经有一碗云吞面放在你面前几十年，你不懂珍惜，直到那家店要结业，你方才想起要去追忆。"年轻人对老店的怀念却没有感动专业的美食者。朋友中也有一些大口吃四方的饕餮，对此老店，他们与我一样不太感冒。这家店开的时间是挺久的，可味道说不上特别出众，更不是不可代替。

作为还有点专业精神的吃货，我的直觉告诉我，这老店肯定不是因为食物的味道好而被怀念。那是因为什么？我一时没想出来，直至下面这件事发生，才恍然大悟。

2. 洋快餐店销售的快乐文化

麦当劳，自从 20 世纪 90 年代初进入中国，就一直作为西方文化的代表符号。但麦当劳进入中国之初，还不完全是快餐的代表。按那时国人的消费水准，麦当劳是高档消费的场所。但食物味道嘛，真不符合老一辈中国人的口味。只是为了孩子，长辈都会咬咬牙带孩子去一趟。因为麦当劳营造的那种消费文化，让还未有过大见识的中国儿童心生向往，成为快乐的文化符号。

进入新世纪，曾经的儿童已长大，现在的麦当劳已回归原本快餐文化的定位。标准化的连锁快餐店，口味也标准化，地域、年代的变迁对其影响甚微。可就是这么一家我们根本不用担心其变化的洋快餐店关门，又引发了年轻人的一次怀旧文化潮。

麦当劳营造的那种消费文化，让还未有过大见识的中国儿童
心生向往，成为快乐的文化符号

　　小城里最早引入的那家麦当劳因租约到期，需搬迁营业。从其进入那天，至搬迁也不过是 20 年的时间。与这座城市众多的老饭店相比，这历史真的是轻于稻草。可就是这么个搬迁营业的消息传出来，又一大波年轻人在赶来"打卡""告别"的路上了。来的大多是城市里 80 后的年轻人，有些还是当年开业首天的顾客。

　　与往日不同的是，这些顾客几乎人手一台相机或手机，边吃边拍照边发朋友圈。"小时候的儿童乐园没了。""二楼的设置改变了。""19 岁，我人生的第一份兼职在这里度过，我还记得厨房当时的样子。"80 后如今已不是儿童，但这家老店让他们回忆起童年时牵着父母的手、欢乐撒娇的旧时光。一名网友说："刚开业不久，带着刚刚失去爸爸的两个表妹去 M 记，本想哄两个孩子笑，结果大人都忍不住落泪……这样就十几年了！如今，两个小朋友都长大了。"

　　20 多岁的小曾在现场买了个儿童套餐，他说开业当年自己 7 岁，是爷爷奶奶把他带到了餐厅。爷爷奶奶排了长长的队，只为帮他买一个儿童套餐。"临走前把套餐的盒子都拿回家当玩具了，当时觉得好开心。"爷爷奶奶已经 80 多岁，今天已不能再为他排队买吃的了。"这些回忆里有很多很多的爱，提醒着我要时刻感恩家人。"这里的食物，只是一份统一标准的快餐，出售的却是一种包装过的"快乐文化"。

在那个物质还不算十分丰富的年代，被父母牵着手走进全新的洋快餐店，享受传说中的西式"快乐文化"，对于孩子来说，食物本身的味道真的已不重要。改革开放 40 年，物资缺乏的年代远去，那个和你一起去吃面条的人和那些纯朴的往事，钱包里有 5 元钱就足够过"饱瘾"的日子，也一去不复返了。曾牵着你的手走进洋快餐店的爷爷奶奶或许已不在。

3.为赋新词强说愁

风华正茂的 80 后、90 后为何喜欢上了怀旧文化？与苦难的 60 后、清贫的 70 后相比，80 后、90 后的儿童简直是在蜜罐子中长大。不是他们太懒，或者未老先衰，而是短暂的人生暂时还算较为顺利，只不过才刚刚开始面对社会的挫折。此时，唯一可以自豪、缅怀的就是小时候在父母庇护下无忧无虑地成长。他们怀念的不是童年的味道，而是父母无微不至的呵护。

"少年不识愁滋味，爱上层楼。爱上层楼。为赋新词强说愁。而今识尽愁滋味，欲说还休。欲说还休。却道天凉好个秋。"（宋代辛弃疾《丑奴儿·书博山道中壁》）年轻人怀旧，与老人的怀旧不是同一个心境，自然也就呈现不一样的现象。年轻人的怀旧文化总是热热闹闹的，晒在微博、微信朋友圈里的，大家互相点赞分享。因为他们的人生还很长，在今后的生命中还会不断出现更多值得怀念的人或事。他们告别的只是那逝去的童年，迎接他们的还有大把青春。

年纪越大，经历的挫折越多，对离别、苦难的耐受度就越高。与以往经历过的生离死别相比，一家老店的结业，只是微不足道的一个小风波。大排档的老年顾客得知老店将要关闭，多数只是简单问一两句原因，不再多语，默默喝下那碗粥，悄然离去。或者此时，他们心里盘算的是，附近还有哪家店性价比与这家差不多，食物味道与分量也相近，明天的午餐得去那吃了。

世事有时就犹如电视剧拍续集，因为有了食客的惋惜，本打算结业的大排档关门 80 天后，又装修重开了。老板的弟弟被结业当晚赶来送行的年轻人感动，决定接过哥哥的生意，从美国回来继续经营。年轻人万般不舍的洋快餐店在搬迁几个月后，在旧址不远处开了新店。重开后的店生意一如以前，不好也不坏。新的顾客里没有人怀旧，大家只是来吃东西的。

彭宇"碰撞"雷锋，文化跟不上社会急流

"彭宇案"让"学雷锋"面临的危机，不是来自碰撞与否的"真相"，而是文化没有跟上社会发展脚步而导致的社会信任危机。

道德是社会文化的一部分，它不是法律法规，却有着比法律法规更能约束人心的力量。

为了学雷锋而学的行动，让人心生反感。我们真的不需要雷锋了吗？我们不需要的只是虚情假意的表演。

历史与文化的标准不是直线前进的，它们总是以钟摆的形式，在摇摆过程中、在漫漫历史长河中趋向直线前进。

善人、好人、雷锋、志愿者所代表的助人为乐精神，在中华民族传统文化中一直存在，只是在不同的时期以不同的面孔出现。近年来，碰瓷、电信诈骗、人贩子等负面新闻让人们越来越不敢相信陌生人。而"雷锋三月里来四月走""学雷锋日，敬老院里的老婆婆一天洗八次脚"等"形式主义"活动，更让"雷锋"这个温暖朴实的名字变味。

是中国人的道德观念改变，让这种自古以来助人为乐的文化丧失了存在的土壤吗？我宁愿相信，这只是人与人之间的交流交往方式发生改变，对助人为乐的认知方式和方法却没有及时更新。什么时候都有坏人，也什么时候都有好人。

每个时代总有人高喊"道德滑坡"，其实只是社会关系暂时没跟上人际交往发展的速度。历史与文化的标准不是直线前进的，它们总是以钟摆的形式，在摇摆的过程中、在漫漫的历史长河中趋向直线前进。

1."彭宇案"真的是道德滑坡了吗

十多年后，让我们再回头去看2006年发生的南京"彭宇案"吧。事发当天上午9点30分，年轻小伙彭宇从公交车后门上下来，66岁的老人徐寿兰刚好在同一时间经过。行至公交车后门，徐寿兰倒地。徐寿兰如何跌倒，她与彭宇是否发生相撞，没有任何第三方能提供确凿的证据。彭宇将徐寿兰扶起送往医院，检查结果表明徐寿兰胫骨骨折，后经法医鉴定为八级伤残。

徐寿兰向彭宇索赔医疗费，彭宇则称自己是好心扶起老人反被诬。此案被媒体报道后轰动一时，社会上一时间出现了各种见到老人摔倒"扶不扶"的道德难题，连央视的春晚也有以此为原型的小品。

即使多年后案件审理过程及真相慢慢浮出水面，彭宇承认自己当初确实撞倒了徐老太，可在社会大众心中产生的"好人难做"效应却已印痕深划，难以磨灭。越来越多的市民开始形成"不敢扶""扶不起"摔倒老人的观点。甚至有人认为，"彭宇案"令中国社会道德水平倒退50年。

喧嚣的传播不一定传播真相，有时传播的只是传播者所相信或希望见到的"真相"。而对真正的真相，传播者比起当时叫嚣道德滑坡的要少得多。

若当时法庭能及时公布与案件相关的推断证据，如果没有判决书中那句"如果不是彭宇撞的老太太，他完全不用送她去医院"，没有媒体的各种解读传播，"彭宇案"充其量只是一个小小的民间个案，不会因多重误读和传播放大，而上升成为"道德案"。

跟不上社会飞速变化的不仅仅是我们的法律法规、社会关系，更多的是在人们头脑中刻板的印象、观念。"彭宇案"让"学雷锋"面临的危机，不是来自碰撞与否的"真相"，而是文化没有跟上社会发展脚步而导致的社会信任危机。这种不信任也不仅仅是人与人之间的，还有人与社会团体之间、人与政府之间的，甚至产生"塔西佗陷阱"。道德是社会文化的一部分，它不是法律法规，却有着比法律法规更能约束人心的力量。

2. 正能量宣传就能重新构建正能量社会吗

"彭宇案"之后，社会上反思的声音也很多，而一直以传播"正能量"为己任的宣传媒体也竭尽所能地挖掘社会中的正面案例、好人好事来力证社会的道德没有滑坡，重新构建人们"这个社会还是好人多"的印象。用文化宣传的手段来应付文化出现的问题，看似没毛病。

对不起，我也是一个传统媒体记者，但从内心深处我总觉得"头痛医头、脚痛医脚"的宣传方式可能短时间内有效，但要根治并没这么容易。根的问题在哪里？

20世纪60年代，新中国的整体经济还处于很低下的水平，因此雷锋事迹中会有他半夜为战友补衣服、半路为工地搬砖、送迷路的母子回家。改革开放后的中国，经济飞速发展，生活生产用品大为丰富，城市里需要补衣服的人越来越少。生产关系、生产工具的变化，让集体组织的劳动也越来越少。商品流通、市场自由调节等让人与人之间的交往交流方式也在发生改变。

"学雷锋日"每年还在，但提倡、组织学习的人却依旧照葫芦画瓢，当然尴尬。这无疑是刻舟求剑。如今还有城市在学雷锋日组织团体去大马路上扫地、去扶老奶奶过马路、去敬老院给老人洗脚。这些为了学雷锋而学的行动，让人心生反感。我们真的不需要雷锋了吗？我们不需要的只是虚情假意的表演。

30年前，当还是小学生的我接过一支义卖筹款的小黄旗时，只觉得好玩，却不懂什么叫"慈善"。那时的中国也不时兴说"慈善"这个词。捧着一堆小旗和一个捐款箱，我和几个小同学在大哥哥大姐姐的带领下，从学校出发一路叫卖。我们甚至连统一的叫卖口号都没有，更无法解释这些捐款是要作什么用途的。

即使换作现在已成年的我，还是很为难，不知如何在大街上拦住一个个陌生人要求捐款。可那天走过街头，我们的队伍却总会被沿街的陌生人问拿这些小旗是要做什么。

30年前，我所在的城市并不富裕。我们在街头碰见的，多是三轮车夫、杂货店的小老板，他们的学历不高，是这座城市里最贴近市井的一群。带队的大哥哥大姐姐就会简单说："为了敬老，我们卖小旗子，筹钱给孤寡老人。"这时候，我唯一能帮上忙的也就是在旁边说一句"5元一支"。5元在那时可以买好多根冰棒，是很多孩子大半个月的零花钱，如果让我这个小学生捐5元，我可能得在心里纠结好久。

可让我惊讶的是，当一听说是要去"敬老"的，许多人却直接就掏钱塞进我们捧着的箱子里。三轮车夫把小旗子插在车头，杂货店的老板把小旗子插在店门口最醒目的位置。一路走下来，一路沿街留下一溜的小黄旗。那时的我太小，甚至无法想明白，为什么人们愿意主动花5元去买一支完全无用的小黄旗。那个年代，人们并不富裕，慈善、公益的观念尚未普及开来，但人们对"幼吾幼以及人之幼，老吾老以及人之老"这流传千古的传统文化思想有着绝对的认同。

如今，我们需要重新构建的不是这"幼吾幼以及人之幼，老吾老以及人之老"的文化，只需寻找新时代能真正加深这种文化认同的活动。城市，拉近了人与人之间的物理距离，却也让资源的分配越来越紧张，人与人之间的信任越来越少。

新技术，让信息发布的渠道越来越广，个人观点的植入式传播却也让信息更难辨真假。而法律法规，因为滞后性，更导致一些事件经误读或传播放大后由个别现象成为所谓的"主流"。只有针对这些新型的社会关系去思考，提炼新的文化内涵，才能解决本质问题。

3. 一天创造 300 个志愿岗位

庆幸的是，我所接触到的许多年轻人也在思考"助人文化"的根源，校正社会已有偏差势头的"道德罗盘"。他们在新的社会关系中寻找新的活动内容，重建雷锋精神的骨血。有人支教，以知识去助人；有人乐于分享，以经验助人；也有人清洁地球，以助整个人类。

这些内容，是 20 世纪 60 年代的雷锋无法想象，也无法实施的。但这些内容与雷锋助人为乐、关心身边人的精神是一样的，只是这些内容更符合新时代的生产关系、社会关系。注入了新时代内涵的学雷锋，也以另一个名字出现——志愿服务。

2019 年的学雷锋日，我刚好去采访一位中学老师。他每年的志愿服务时间超过 200 个小时，被评为广东省岗位学雷锋标兵。与这位老师聊天，让我最吃惊的是，他说他所在的学校每天为在校学生提供 300 个志愿岗位。都是关在校园里的中学生，吃、穿、住基本不愁，怎么可能一天有这么多可以做的"好人好事"？

老师看出了我的疑惑，列出一张微菜单。学校的青年志愿服务中心、资源回收中心、青少年邮局、图书馆阅览室、食堂、宿舍、校门口，每天都存在短时间内出现巨大人流量的情况。教职工只能为学生提供基本的服务，若想要更好的服务就需要大批的志愿者。学校里的这些场所，便为放学后的学生自愿参与志愿服务提供了岗位。

这些岗位只有半小时的工作，但学生完成从被服务者到管理者或服务者的角色转变。人人可为、处处可为、时时可为。这种转变是自然而然，也是学校服务真实需要的，非作秀型的学雷锋。这种志愿服务常态化、项目化、品牌化的过程，使学生在生活中参与、在服务中成长。"在生活日常中就为他们种下一颗慈善的种子。希望他们在考取大学、走上工作岗位后，在世界各地、各行各业都能继续弘扬志愿服务精神。"

或许生活中不是每个人都能成为轰轰烈烈的英雄或人人称赞的"活雷锋"，但我也希望生活中遇到的都是平凡的好人。

城市与自然，何日握手言欢

生活在城市里的人们，只是这座大型机器里的一个螺丝钉，一切以效率为上。生活只是机器停歇时喘口气的片刻。

流水线生产的商品充斥店面，哪都能吃到的标准化食物盘踞街市，全国的古城、古街千篇一律。为何一些存留下来的古墙老街没有被机器铲平，也没有被岁月蚀毁，却仍如工业化般呈现出标准化的模板？

改变，需要的是城市居民正视内心需要，重新在现有的历史基础上，一点点融入新的元素，让新的元素与旧日的工业文明如"绣花"一样相嵌相连。

城市，是人类为交换生产物资而逐渐产生的聚集地。起初，人类住在城市里是为了方便交易、交流，因此必须有多处大的公共空间让人员、物资流动。《木兰词》里就有"东市买骏马，西市买鞍鞯，南市买辔头，北市买长鞭"。如今许多城市仍有"菜市场""马场""猪仔街"等带旧日交易功能名字的街道遗留。

渐渐地，工业化的轨道将城市从慢慢悠悠的农业化状态中拖了出来，城市开始成为大规模的生产地。为了配合机器，一切复杂的、不稳定的因素都要去掉，无论是城市里的人，还是城市本身都成为工业文明的一部分。直线的道路、盒子般的建筑、灰蒙蒙的天，曾是许多工业城市千篇一律的面孔。

1. 被工业思维绑架的城市生活

这时期建成的城市里，有许多"工业区""开发区""生产基地"，甚至连公交站也是"红砖厂""糖厂""玻璃厂"。仿佛生活其中的人们，只是从这个厂区去到那个厂区。生活在城市里的人们，只是这座大型机器里的一个螺丝钉，一切以效率为上。生活，只是机器停歇时喘口气的片刻。

在改革开放之前，城市里有许多筒子楼，把人如同产品一样标准化地塞进每一个格子里。筒子楼外，却没有预留公共活动空间。有些城市甚至还有"握手楼"，两栋楼之间窄到鸡犬之声可相闻。至 20 世纪 90 年代初，"人居城市"口号提出，中国的城市才觉醒，希望摆脱被机器、被工业化绑架的生活。

城市，是为了让人更好地居住，而不是成为囚禁人类的铁盒子。居住在城市里的人类希望重新拥抱蓝天白云、空气净水、绿树花鸟。但我们已离不开自己搭建的水泥囚笼，城市也已成为高速运转的机器，无法瞬间停下来。全部推倒重建？那和曾经的工业化建城思维有区别吗？若这种思维不改变，即使重新搭建，只会是另一个铁盒子。

2. 工业复制的"人居"难以自我生长

在城市里，大门紧闭，住户之间"鸡犬之声相闻而老死不相往来"是常态。可在微信圈里，我们却好友遍天下，这时候，我们才发现，人类群居的血液基因不会改变，工业进程让村头的榕树消失后，我们需要在微社区、微公园里找回人与人之间的沟通纽带。

只有当许多普通市民都有了自己的"人居梦"，在追求摸索中发出如同萤火虫般的光和热，这一份微弱的光亮才是将来再生成无数个"人居城市"的根基。

曾经，许多城市有保存完好的古城墙、老街巷，可一提到开发，就会变成商业街。原居民搬迁，流水线生产的商品充斥店面，哪都能吃到的标准化食物盘踞街市，全国的古城、古街千街一律。为何这些存留下来的古墙老街没有被机器铲平，也没有被岁月蚀毁，却仍如工业化般呈现出标准化的模板？复制一个公园、一条老街很容易，将人居理念印入人心却很难。再漂亮的房子，再优美的环境，都不会自己呼吸。

只有人居住其中、经营其中，才能将历史、建筑和环境融合起来，才可称为"人居"。"人居城市"以人为本，不同的城市有不同的气质，当然没有统一的模板。这种绣花式的微改造，需要的是用心经营，让历史的文化脉搏接入城市，重新跳动。

3. 废弃工厂成社区中心

改变，不是一个按键、一道政令。改变，需要的是城市居民正视内心需要，重新在现有的历史基础上，一点点融入新的元素，让新的元素与旧日的工业文明如"绣花"一样相嵌相连。改革开放后，城市的楼盘建设开始有"小区"的概念，后又一步步开始考虑容积率、公共绿化率、公建配套。绿地、散步径、游泳池、儿童玩耍中心，才慢慢回到人们的生活中。这些设施在新建的小区内容易实现，但已形成的老旧小区只能一点一点进行微改造。

一个工业发达的小镇，改革开放初建起许多五六层的住宅楼，工人们住在一起。如今，工业区搬离城市，退休的老工人依然住在楼里，只是整个社区已成为老人集中地。为了让这些退休的老工人在工作居住大半生的老社区里能继续生活得舒适开心，小镇反复研究改造方案，最终决定将一幢废弃的厂房改造成为这片区的公共空间。

在导航的指引下，我穿过许多初建于20世纪90年代的小楼房，在曲折的大街小巷里辗转来到上述社区。如同穿过山洞忽见光明，一堆堆小楼的包围中，出现一片小小的绿地——街心公园。公园以前是工厂用地，因靠着小坡，没有被铲平，如今被重新绿化后，成为片区的绿肺。

公园旁就是一幢六层废弃厂房改造成的社区综合服务中心。几位老人在街心公园的健身器械旁活动。何大爷说，他在这个社区住了几十年，子女叫他一起搬入封闭式小区，但他不想搬。"走几步就有公园，有空就来活动下，中心里还有书看，有时还有人唱大戏。"能让老人们不想离开、愿意常来的不仅是社区里这片难得的公园绿地，还有社区服务中心贴心的服务。

服务中心所在的这座六层的旧厂房，是广东中山在20世纪90年代初工业快速发展时期兴建的典型建筑。碎石米的外墙、宽敞的楼梯、连在一起的阳台走廊，如同老工人稳重又坚毅的性格。服务中心入驻后，并没有改变建筑外观，只在走廊上每隔两三米加装朱红的窗花木格，种上绿植，整幢楼立刻与旁边的公园有了呼应。

大楼内部则重新规划了整个格局。中心与小镇曲艺社、摄影协会等组织共驻共建，六层楼分别设有综合服务大厅、心理咨询室、矫正康复心理辅导室、综合培训室及各种文化公益活动室场。大楼入口，最底层是阅读室。一整面墙的落地玻璃窗，让人在外面就能看到里面满满的书架。

读书累了，还可以来杯咖啡，这里还有公益咖啡角。与明亮宽敞的阅读室同在一层的，还有中心的服务大厅。设在一楼也主要是为了方便前来中心的老人不用爬楼梯。

为什么许多人觉得旧时住的矮房温暖，如今的高楼冰冷？其实矮房与高楼的温差不在高度，而是距离。村口大榕树、巷口拐角、祠堂前的石阶……无需很大一块地方，却是人与人相处最舒适的地方。

阳光透过树枝漏下来，鸟声伴着花草共闲聊，人与自然之间的距离也在拉近。这些都曾是我们随手可得的温情，却在住进如工业区般的铁盒、高楼后变得遥不可及。虽然城市里有公园、体育馆、大剧场、大商场、电影院，但这些公共空间往往远离居民区。真正的生活，需要这些公共空间存在于转角就能遇见爱的短距离。

4. 荒野与城市也应该和解

曾经，我们以为荒山野岭的郊区地广人稀，并不会是城市居民喜爱的游玩点；自行车这种过气的交通工具最终归处会是博物馆。其实人类对于回归大自然的渴望一直存在，只是常不知如何表达。何曾想到，开设绿道后，许多城市的郊野成为自行车重展笑颜的赛道，引发人们对健康生活的追逐。一条绿道，把城市的公共空间引向城市外的广阔郊野，让城市中的人可快速进入绿色空间。

同时，绿道也弥补了城市公园局限于散步游憩为主的功能。长长的绿道，穿过城市、游走山水，可行、可跑、可骑行，让人有了对"诗和远方"的想象。以广东为例，近年来各城市的绿道开通后，几乎逢周六日都成为城市居民追捧的休闲、运动场所。如广州的滨江绿道、深圳湾的滨海绿道、东莞的松山湖、中山的金钟水库和肇庆七星湖的环湖绿道等，为城市马拉松、骑行比赛、徒步活动等提供了活动空间，生出众多乐趣。公园、绿道，打破了工业化习惯的块状化模式，以线性勾连的运动形态，让人们看到了城市新的面貌。

每一个小变化，都是一座城市"人居梦"的尝试。在这个梦里，有阳光，有花草，也有融洽的邻里空间。将一个废弃的厂房、家园建成社区中心、街心公园，让轨道、铁塔、船坞与野草、树木一起围合成开放的空间，这是一座城市的工业历史与自然、文化达成的"和解"，也是对工业粗暴推倒并重新搭建的反省，更是人类对步入后工业时代文明的期待。

想制止、冻结城市的发展是不现实的，只是在改变之前，我们应尊重它的过去，并在进程中延续历史文化的时空脉搏，让"人居"不再等同于工业产品般冰冷、孤单的水泥房子。"人

公园、绿道，打破了工业化习惯的块状化模式，
让人们看到了城市新的面貌

居"是一个与历史时空、与自然环境融合，有着人与人之间交流空间的"大环境"。

是谁在诱惑我们买买买

以往的广告，多发布在报纸上、电视上。现在即使你不看报纸、不看电视，也逃脱不了"被看广告"。

消费主义文化可以发展到如今，让大众陷入"买、买、买"而不能自拔的境地，现代的媒介传播手段在构建消费文化的过程中发挥着独特而不可替代的作用。

消费文化是一种肯定文化，它为社会提供一种补偿性的功能。它提供给异化现实中的人们一种自由和快乐的假象，用来掩盖现实中真正的缺憾。幸福被等同于消费，幸福的"大小"取决于物品的"大小"。

中国人往上数三代，大部分是农民，极少数是贵族。为了摆脱面朝黄土背朝天的命运，这几十年来，大家都拼命往城市里跑。可大部分城市里的白领，拿着几千元甚至上万元一个月的工资，却是"月光族"。除去基本生活花销，余下的钱买件衣服、买个包、买对跑鞋就见底了。以前祖辈、父辈可能会因为失去土地、失业而成为"穷人"，如今城市里不少年轻人因为经不住广告的诱惑而成为"新穷人"。

1. 消费主义是"欺骗性的社会关系"

英国作者齐格蒙特·鲍曼在其著作《工作、消费、新穷人》中指出："生产型社会向消费型社会过渡后，消费主义占据了人们生活模式、价值选择、道德审美和文化认同的主导地位，尽管人们在消费社会中具有前所未有的自由，但是这种自由是一种带有欺骗性的社会关系。"

"欺骗性的社会关系"，鲍曼的这个定义让人惊出一身汗。我们日常生活中常见的广告、各种鼓吹消费的帖子，便是这种社会关系的呈现。消费主义成为一种文化的"偏执症"，悄然无声地潜在人类身边。改革开放，让绝大多数中国人告别了缺吃少穿的状态。

目前的市场已来到"消费为王"的时代。刺激消费者的购买欲望，成为消费文化最重要的核心，作为刺激最重要手段的广告无孔不入。以往的广告，多发布在报纸上、电视上，现在即使你不看报纸、不看电视，也逃脱不了"被看广告"。这些广告紧随而来，公交车上的 LED 屏、电梯间里的小电视屏、手机软件里的各种插件，甚至你的微博、微信里都会被植入广告。有些你看得出是广告，有些你看了也不知是广告，甚至还在不知不觉中被消费主义洗脑。

我家电梯间的小显示屏上，每天24小时不间断地播放广告。其中一则卖车的广告，不断吆喝："车，你要换好车！车，你要换好车。"因画面杂乱，我一进电梯间便扭头不看，但总不能塞住耳朵，以至于写这篇文章时广告词就自动浮现出来。一次，一位母亲带着孩子与我一起等电梯，小男孩突然问母亲："妈妈，为什么车要换好车？他原来的车坏了吗？"听到这个小男孩的问题时，我瞬间被刺醒。他就像童话故事《皇帝的新衣》里那个讲真话的小男孩！

回想我为什么不喜欢这个广告，不仅仅是因为广告画面拍得太杂乱，广告词太烦人，更是内心对于"车，你要换好车"这个强迫灌输的观点的抗拒。车只是人们的代步工具，每个人根据自己的实际需要和能力选择交通工具，能满足出行需要就已是传统市场生产与消费关系的完成。

作为耐用品，一辆小车正常行驶十年八年不成问题。可这广告里，打造了一个开旧车、开低档车就会被别人异样的眼光嫌弃鄙视的社会氛围。似乎只有不断换新车、换豪车，车主才能光明正大地做人。为什么非要换好车，换自己买不起、需要贷款的豪车? 为什么只吹嘘贷款很容易, 却完全不提贷款要还, 还要高利息?

广告的聪明之处在于卖车、卖贷款, 这些商品的内容都是真实的, 没有虚假夸大, 也不会违反法律。夸大社会的嫌贫爱富, 吹嘘尊重与地位来自于附带的物质, 将锅扣给虚无缥缈的社会文化, 更难以有较真的投诉反对者。短短一分钟视频, 画面飞速变换, 换车之声不停催促, 让人的头脑难以理性思考。就算有受众如我一样, 看得内心抗拒如鲠在喉, 却又说不出来哪里不对。

电梯里的小男孩还没有广泛地接触社会, 在他有限的家庭关系中, 也是真实而友爱的。因此他看不明白, 也无法理解广告里营造的这种嫌贫爱富的氛围。在他心里, 还是最原始的消费观, 车没有坏就能继续用。没有受到迷惑的小男孩因此提出了天真却最有力的问题, 一下子击破了广告所营造的迷惑消费者的、充满嫌弃鄙视的社会氛围。

2. 新媒介传播推波助澜

消费主义文化兴起于 20 世纪二三十年代。今天的消费主义文化已背离消费是为满足人需要、促进人发展的手段的原本目的。而消费主义文化可以发展到如今, 让大众陷入"买、买、买"而不能自拔的境地，现代的媒介传播手段在构建消费文化的过程中发挥着独特而不可替代的作用。

11月11日，这个在公元元年后平凡了2000多年的日子，却能因消费的需要，而打造出"双十一"的神话。新媒介的传播力量让人目瞪口呆。"我思故我在"已难以解释现今社会的这种消费文化，必须改为"我买故我在"才能解释消费主义对社会生产、社会关系、社会文化所造成的巨大牵引力。

若前面所说的换车广告，因营造的恶劣氛围让人不适，还能心生警惕，有些传播媒介的消费观点则高明到让人深陷其中而不自知。微博上常有些自动推送的所谓大V号，无论你关不关注都会自动进入你眼中，当中许多就是卖商品的。

可说真的，人家的广告真的用心，只是为了让你加个关注，还专门拍了不少短视频。如常见的两个小姐姐，一个打扮洋气精致，一个不仅土气，还几乎是毁容式化妆出镜。剧情一般就是两个小姐姐中的后者被网友嫌弃、渣男抛弃。然后会打扮的小姐姐掏出手机，示范如何用网上的优惠券买东西，鼓励不会打扮的小姐姐："你多买几件大牌的衣服和化妆品，打扮打扮，一定会让×××后悔。"最后必定是不会打扮的小姐姐浓妆艳抹后重拾自信，赢得身边人的羡慕。

这个广告明着是在卖优惠券，但背后暗示的文化却是：人生的自信与优雅以及他人的尊重来自"大牌衣服和化妆品"。
这可以看作典型的消费主义文化宣言了。

　　这种为了卖产品、为了吸引注意力，故意将一些本不应对
等的东西简单粗暴地画上等号的广告还真不少。有些用上了环
保节约、共享经济、自强自立等正能量、新概念包装。如某"共
享衣服"的 App，宣传的就是不用常买衣服——环保节约，平
台提供衣服——共享经济。

　　可深入想想：这衣服无论谁穿，都是要洗的。即使顾客自
己洗的次数省了，转为平台来洗，洗衣服的总体次数不变；顾
客自己不买衣服，但平台为了让顾客有多种衣服可挑，必须不
断更新衣服；每件衣服多了交通运输环节，不仅没有环保节约，
还增加了快递成本。总体来看，所谓的"环保节约"是要打个
问号的。

　　这款共享衣服的 App 不只宣扬一个假的环保产品，还在视
频中将女性在职场的升职物化为人靠衣装。三八妇女节时，身
边一位女权朋友很气愤地将视频在微信朋友圈里转发出来。视
频开头是两名白领女性同时进入公司。一名省吃俭用，将工资
用来买职业套装，另一名使用了共享衣服的 App。后来，前者
因应不同的场合只能不断减少其他方面的开支来购买衣服，后
者则轻松利用 App 不断换新衣。

　　这前半段视频看得我也心动，不禁沉浸在自己天天穿新衣服的那种臭美心情中。若广告到此打住，并没多大问题。但视频的后半段，是后一名女性因为随时随地都穿得光鲜亮丽而得到上司的青睐、顾客的信任，不断获得升职，走向人生巅峰。

　　三八妇女节是为纪念女性抗争、要求得到社会公平待遇而设。女性与男性一样参与社会事务，一样付出智慧与劳动，而不是摆设的花瓶。但宣传视频却在暗示，女性只需穿着光鲜亮丽就能得到上司的青睐、顾客的信任，不断获得升职，走向人生巅峰。"这是物化女性，让女性成为附属品。" 转发视频的朋友是一名男性，一直关注女权，因此才敏感地发现广告中隐藏着对女性的恶意。

　　新媒介传播，为了适应现代人"短、平、快"的信息接收特点，不得不一再压缩传播的信息内容。如同一张高像素的图片，最后被压缩到只剩几条模糊的曲线，其余构成图片的细节全然不见。为了推销产品、鼓励消费，一些广告选择了故意省略掉重要因素，只避重就轻描绘美好前景。如各种贷款 App 平台，大到房贷、车贷，小到花呗、还呗，在广告中都只描绘你贷款消费后的满足获得，却从不提醒你"出来混，迟早要还的"，而且可能是加倍返还。

　　匈牙利哲学家格奥尔格·卢卡奇曾指出：消费文化是一种

肯定文化，它为社会提供一种补偿性的功能，它提供给异化现实中的人们一种自由和快乐的假象，用来掩盖现实中的真正缺憾。幸福被等同于消费，幸福的"大小"取决于物品的"大小"。

消费主义文化在生活中无处不在，我们看清了它的真面目，再见时才能免于冲突消费。在看许多广告时，我曾短暂地迷失自己，沉浸在假若我买了这商品之后的各种幸福、美好的想象中。后来，挽救我的不是理性的思想，而是我的钱包实在没有钱了。

浸泡在中医药文化里的生活

中医药文化很多时候还带点人生哲理的辩证法。很多时候，中医药还要配合大自然，讲求"天人合一"，这使得中医药文化更添一层神秘面纱。

近年来，中医药文化与古装宫斗剧意外地"结对子"了。各种后宫传、宫心计里的娘娘、小主，个个是用药高手。花园里的随便一株花，汤里随手一把料，要命那是分分钟的事。

中医药文化需要提早思考一下如何"治未病"，才能让这流传几千年的文化得以健康持续地发展。

文化是一种社会现象，是人们长期创造形成的产物；同时又是一种历史现象，是社会历史的积淀物。中医药文化正是这样一种社会历史的积累，其思维方式、传统习俗、行为规范等都在日常生活中悄然无声地影响着人们。

1. 中国人都认识中医，却说不出啥是中医

"吃啥补啥"可以说是许多中国人脑海里对于食疗的最直接表述。无论城市还是农村里的老人们，都能头头是道地区分出许多动植物属寒性还是热性，什么时候能吃、什么时候不能吃。在他们心中，都有凭着自己多年经验积累而成的"神农尝百草"的经验（或教训）。

虽然不一定被专业医学界认可，但这些生活在我们身边、认为大自然里的动植物能对人体产生重要影响的观点对中国人来说，可谓"身浸其中而不自知"。

说到中医药文化最典型的代表，应该是神农氏。作为中国上古部落联盟首领，神农氏尝百草的故事，伴随着中国几千年的农耕文明而流传至今。神农以身试药，尝遍百草，用自己的感觉来分辨什么植物可以吃、什么植物不可以吃。

东汉时期，人们将口口相传的各种草药功效、种植五谷、豢养家畜的经验，结集整理成《神农本草经》。所以说，由神

农氏开始出现的中医药文化，已和中国的农耕文明共存共生。也可能是长久相伴，难察觉其不凡，我们对身边的中医药文化甚少专门去做研究。这当然不包括中医理论的各种专业研究。

一方面，这些关于专业医药的研究更多被归为理科、医学，而不纳入文化范畴。另一方面，也可能是中医药文化本身的特性使得中国人自己都很难用一两句话总结概括中医药的特性。针灸、按摩、汤药、艾灸，这是我自己在想到中医药时，能讲出来的有限的几个词儿。其他什么脉象、气血、阴阳等，那是完全不敢擅自乱说。

中医药文化很多时候还带点人生哲理的辩证法。很多时候，中医药还要配合大自然，讲求"天人合一"，这使得中医药文化更添一层神秘面纱。因此，讲到中医，可能每个中国人心里都知道一点，但语言上就难以直观描述了。很多时候只能运用象征、隐喻等方法。

以《神农本草经》中的药物配伍为例，书中提出的组方原则是"君臣佐使"，借用现实社会里的君、臣、百姓等人际、阶层关系。通常药方中既有君药、臣药，还有起协助作用的佐使之药。《黄帝内经》则首先提出"药有阴阳"的理论，《本经》对这一理论予以践行。

2. 中医药文化无性命之忧，却有良莠之患

融合了文化、历史、医学的中医药一直安静地待在医药界服务众生，甚至少在公共舞台上唱高调。但十多年前热播的韩国古装电视剧《大长今》却让"韩医"一下子火了。这部电视剧讲述韩国古代一名宫女徐长今，通过自己的努力成为朝鲜王朝历史上的首位女性御医，最后被朝鲜国王封为正三品堂上官的励志故事。这部电视剧不仅在韩国成为收视冠军，更在中国收获一大波粉丝。

看着里面的韩国演员煞有介事地说食物之间的协调、药方之间的平衡，这和中医药文化如此相似，却又境遇迥异。韩国高捧他们的传统医学，以大长今为原型拍成了偶像剧。随着电视剧的出口畅销，还宣传了韩医文化，韩国人这一波宣传高明。

反观中国，不仅中国人自己说不清什么是中医药文化，近年来，中医药文化却与古装宫斗剧意外地"结对子"了。各种后宫传、宫心计里的娘娘小主们，个个是用药高手。花园里随便一株花，汤里随手一把料，要命那是分分钟的事。

电视剧里各种桥段让人难辨真假：麝香能致人流产，红花可避孕，贝壳粉能定惊，五行草会滑胎，艾叶可保胎，连枇杷叶都要分老叶无毒、新叶有毒。可见，中医药文化在我们的生

针灸、按摩、汤药、艾灸，这是我自己在想到中医药时，
能讲出来的有限几个词儿

活中广泛存在。中医药文化的传承暂无性命之忧，却有真假、良莠之患。

中医药文化的影响广泛，连普通食品的宣传都想尽办法"傍大腿"，如著名的广告词"经常用脑，多喝 × 个核桃"。缘于"以形补形"的观念，中国人一向流传核桃补脑的说法。核桃就像一个微型的脑子，其褶皱很像大脑皮层。因此有人推论多吃核桃可以变得更聪明，以至听多了广告宣传，都快以为这不是普通饮料，而是神奇药水。朋友家的小孩，聪明伶俐。一次家人叫孩子吃核桃，孩子认真地回答："我不需要补脑，你们自己吃吧。"

3. 猛药稳固生存根基，虚火还待市场调理

一方面，中医药文化宣传形象模糊；另一方面，中医药文化的核心中医药又常被拿来与西医对比。除去那些闹心的"傍大腿"的外围因素，中医一直有着单靠自身无法治愈的伤痛。一些优秀的老中医没有大学文凭，没有医师资格证；一些中药材因种植或处理不规范，药效难以标准化；中医学院不足，中医药人才青黄不接，后继乏人问题凸显。是全面西化，还是继续带伤前行？中国人一直在争论、思考，纠结着如何面对祖先遗留下来的这块珍宝。

2015 年，中国中医研究院的终身研究员兼首席研究员屠呦呦获得诺贝尔生理学或医学奖，中医药发展迎来转机。2015 年12 月 10 日晚上，屠呦呦在斯德哥尔摩领奖时发表讲话。她在讲演中，讲述了中国科研团队如何用 40 年的时间去发现、研究青蒿素。她强调了中国传统中医药的价值："中国医药学是一个伟大的宝库，应当努力发掘，加以提高。青蒿素正是从这一宝库中发掘出来的。"

2018 年年初《人民日报》刊发的采访屠呦呦的文章中援引她的话："医药从神农尝百草开始，在几千年的发展中积累了大量临床经验。医药学研究者可以从中开发新药，继承发扬，发掘提高，一定会有所发现、有所创新，造福人类。"

屠呦呦带着中医药登上国际讲台后一年，中医药在中国终于有了一部系统性的基本法律。2016 年 12 月 25 日，全国人大常委会第二十五次会议审议通过《中华人民共和国中医药法》（2017 年 7 月 1 日起正式实施）。这是中国第一部全面、系统体现中医药特点和规律的基本性法律，第一次从法律层面明确了中医药的重要地位、发展方针和扶持措施，对解决多年来制约中医药发展的问题做出了制度安排。

2016 年，国务院发布了《中医药发展战略规划纲要（2016—2030 年）》，第一次从战略层面系统部署中医药的振兴发展，要求积极营造良好的社会氛围，推动中医药进校园、进社区、进乡村、进家庭，将中医药基础知识纳入中小学传统文化、生理卫生课程，同时充分发挥社会组织作用，形成全社会"信中医、爱中医、用中医"的浓厚氛围和共同发展中医药的良好格局。

2017年，十九大提出"实施健康中国战略"号召，强调要坚持中西医并重，传承发展中医药事业。

若能真正把国家这几剂猛药内服吸收进去，中医药体系自身的伤痛应该药到病除了吧。但我又忧心起其他事。一直以来，中医药的收费比一般的西医要便宜些。许多感冒病人去看西医，动不动就要两三百元，中医常常是一百元左右就能搞定。这在社保系统公布的用药统计上也能够得到印证。

如今国家一重视，中医药领域的市场，以及衍生出来的养生、保健品市场等必将更繁荣，进入的商人也越多，而那些养生玉石床、高科技经络衣、能医百病的果汁等也必定有了更多可以借用的"理论文化"。

"治未病"是中医药中一个重要的理念。政府猛药固然可以让中医药的根本更强劲，但中医对外宣传形象面目模糊，对内则有虚火过高的苗头。中医药文化如今已出现良莠不齐之患，需要提早思考如何"治未病"，才能让这流传几千年的文化得以健康持续地发展。

解构美，才能重生美

兵马俑主题酒店里，客厅、卧室、厨房、卫生间，甚至床下都有仿制的兵马俑。躺在床上，有没有感觉自己就是秦始皇？

现代人的穿着、生活习惯已不同昔日，即使拥有古代首饰，也难以佩戴，华钗美饰无用武之地，却仍遗留让人难以抗拒的美丽。

无论是想在酒店体验兵马俑文化的年轻人，或将旧首饰改造为新饰物的设计师，还是一生致力于研究传统文化的研究者，他们都希望让更多的人欣赏中国文化。只是单纯地仿制、收藏旧物，并不是最好的方法。我们需要的是如同设计师一般，唤醒其内在的芳华，生出新的价值和美丽。

五千年的中华文化，创造了那么多美好的东西，怎样才能融入我们的现代生活？

1. 兵马俑站在床边陪你睡是什么感觉

一名网友分享了自己入住兵马俑主题酒店的经历和视频，立刻上了微博热搜。刚刚走进房间的时候，这名网友发现五个兵马俑对着门口盯着，这个一开门的"惊喜"当场就吓到了他。

来到房间看床，发现床边上有四个兵马俑。边上的台灯是一个跪立的兵马俑，而灯罩就是兵马俑的头盔。这还仅仅是卧室而已，客厅、卫生间、厨房都有站着的兵马俑。

这个帖子瞬间被网友们点击成爆款，各种留言脑洞大开。"有没有觉得自己就是躺在墓里的秦始皇？""这是古墓派基地吗？"还有人提醒："你睡不着是因为没关灯，只要关灯了，这些兵马俑就活过来了。"

年轻人的欢乐，估计能让考古学家和秦文化研究者脸都黑了吧。这家主题酒店看似以文化为主题，其实只是搬了一堆仿真的兵马俑进房间。兵马俑所包含和代表的墓葬文化、秦文化并未能体现出来，以至于将房间装修成模拟墓地。这其实与我们日常装修中的欧式贵族风有着异曲同工之妙。各种经典柱式、线条堆砌进屋里，就是欧式了。

若故事讲到这里，也只是一个生活中错用文化的例子，但不要急，没多久，这个帖子又反转了，再看下一个帖子。

视频发到网上后，兵马俑主题酒店的老板正忧心忡忡，担心再无人上门，没想到竟然客房爆满，许多年轻人争先来体验酒店。原来一晚只要299元的房，现在涨到698元，还爆满！

看完这个两个帖子，再想想我开篇提出的那个问题——中华传统文化怎么融入现代生活。酒店老板显然是想融入的，所以他搬了仿真兵马俑来坐镇；去参观的年轻人也是想融入的，所以才专门订了主题酒店去体验。这样生搬强拉的融入，还能吸引这么人去体验，肯定会让文化专家们在黑脸之后哭笑不得。

"糟蹋文化啊！"我似乎都能听到一些老先生的痛哭了。若文化不是摆几个兵马俑，那文化应该是以什么样子呈现在现代生活中？

2. 红颜旧物焕芳华，潮人古韵两相融

春花秋月已成空，往事尽诉古风中。待今朝，珠钗翠翘玉搔头，红颜旧物焕芳华。

我曾偶然走进一间古屋，撞见里面正在开古饰设计展。设计师是一名旅居丽江的 80 后美女。她带来了几十件自己珍藏的作品，与喜欢的朋友分享设计过程。站于屋内的她，一袭红色抹胸长裙，乌黑的长辫垂在胸前，手拿六角形的竹骨扇，娴静如同画中的古代仕女。叮一聊起古饰，却让人感受到她对设计的热爱与执着。

她出生于潮州，幼年家中废弃的屋舍堆放着许多旧物，她在其中如同畅游 "百草园"。再长大些，她常和朋友一起逛古运河、广府庙会等潮汕传统民俗文化聚集地。当然，曾经年少爱美的她也追求名牌、潮流，直至有一次无意中淘到一枚旧戒

指，戒面上刻印的图案引起了她的关注。

在这小小的戒指上，刻着两个人物和一座塔。为了弄清楚上面的内容，她翻阅了大量史籍，才知道上面刻印的是"状元拜塔"的故事。《白蛇传》中白娘子生下儿子许仕林不久后被压于雷峰塔下，许仕林高中状元，衣锦还乡，途经雷峰塔哭祭生母。"一个小物件里都有一个故事，这些旧物上有着人们追求美好的寓意和令人敬佩的精神。这些充满传统文化的物品，绝对不逊于那些名牌。"于是，她开始了对古饰物的关注与收藏。

从 20 多岁开始喜欢旧物收藏，到 30 多岁，她面对一屋的藏品开始生出了新想法。"一有空就自己欣赏，总想带着这些首饰美美的。但有些不适合现代人佩戴，于是我就动手拆旧物，设计适合的款式。"

开始的时候只为自己戴，后又开工作坊和小店专门设计古饰。她设计的首饰材料来自于全国各地，甚至包括来自海外的老物件。有的是旗头上的旗花，有的是官帽上的帽花，有的是戏袍上的珠饰，更多的是明清妇女的古旧首饰。每次开始动手设计前，她都会在工作坊静坐，长时间琢磨。

经过岁月的洗礼，饰物难免有不同程度的残损。她为这些旧物拆损补残，重新"梳妆打扮"。还是旧物的风骨，却有了一段新的风情。"特别潮！"几名年轻的参观者在参观后立刻买下了其中几件"潮饰"。在他们眼中，这些款式新颖却在骨子里透着历史气息的首饰，才是最美的。

3. 生出新价值和美丽

因为材料的特殊，美女设计师的作品没有一件是重复的。"都是孤品，我要把美的东西先解构，再设计加工，生出新的价值和美丽。"她的这句话，正是我开篇提出的问题的答案。五千年的中华传统文化，就如同这些珠宝首饰，当中有一些已残破不堪，也失去了原本的使用功能，但仍遗留着让人难以抗拒的美丽。与其让这些花钿在藏家匣中无人赏，还不如让它装扮今人的日常。

无论是想在酒店体验兵马俑文化的年轻人，或将旧首饰改造为新饰物的设计师，还是一生致力于研究传统文化的研究者，他们都希望让更多的人欣赏中国文化。只是单纯地仿制、收藏旧物，并不是最好的方法。我们需要的是如同设计师一般，唤醒其内在的芳华，生出新的价值和美丽。

这名设计师的角色，需要的不仅仅是大胆的想象，更需要本身对于文化的深入认识和理解，这样才能在脑中融入现代元素，生出新的价值。用经济学的说法来比喻，就是在物料加工生产的过程中，创造人类所特有的剩余价值，生产出的产品才有更高的价值。

　　我认识路先生，是因为他玩收藏，但聊天后发现路先生也在用旧料设计古饰。但与之前的美女设计师的"潮饰"风格不同，路先生的设计显得更古朴庄重。

　　他为我展示了自己设计的一款胸针，它分为上下两部分：上部是只椭圆的蓝色点翠蝙蝠，下部是"寿"字纹和田玉牌；上下两部分由金丝绕边连接而成，后面有扣针可挂于胸前。拿放大镜凑近一看，发现点翠部分最下面一缕羽毛上有丁点缺损；而玉牌的纹路里有着侵入的暗点。点翠、蝙蝠、寿纹、玉牌这些元素、细节无不暗示着这是一件"老物"，但它又的确是一件现代新款的首饰——胸针。

　　这些首饰上古老繁复的纹饰、岁月浸润的痕迹都有着浓浓的古风，可整体造型又夹杂着现代的设计。看似古董，却非古董，而是古风新饰。

　　进入首饰设计，源于路先生一直爱好收藏陶瓷和书画。这些年来一有空，他就到各地去看文物展览。他在故宫珍宝馆里看到许多明清时代的首饰，非常精美，但那只能作为收藏品。现代人的穿着、生活习惯已不同昔日，即使拥有这些古代首饰也难以佩戴，华钗美饰无用武之地。常见这些蒙灰旧饰被拆毁，或流散，路先生心中黯然惋惜，于是生出了将旧物拆解重构的

这些首饰融汇旧物今人的无限心思，带给今人美的享受

想法。

经过漫长的岁月,这些珍宝已光泽黯淡,有些甚至有所破损。路先生说，他最多拭去灰尘，稍微修饰破损，绝不重新打磨或用新料代替。"这是保留其历史的痕迹。"

除了要充分利用材料,新的款式也要保存原有的古典韵味。路先生说，敢于走古典韵味的风格，得益于自己几十年来的收藏和审美积累。他毕业于美术学院美术设计系，工作后从事产品设计、广告策划多年，爱上收藏后又考取了国家文物鉴定评估师资格证。出于对传统文化的了解与热爱以及对美的追求，这么多年来，他已在心中将美术绘画、广告设计、古玩收藏的文化积累融为一体。秉持"不仿以前旧款，但创造有着古韵的新款，让人耳目一新"的设计理念，路先生将手中这些旧物重新组合，设计成胸针、耳环、项链、手链等风格古朴的现代饰品。

无论是美女设计师的"潮饰"，还是路先生的"古风旧饰"都融汇旧物今人的无限心思，带给今人美的享受。传统文化融入现代生活，需要的是人们花心思，用头脑中储蓄的文化力量去创造，生出新价值，而不只是摆个兵马俑在床边这样"形式"。